U0000967

文藝少女的矽谷進擊

育兒、寫小說、當工程師

我全都要！

「工程師作家的轉行人生」

作者——Vanessa Wang

推薦序

巴菲特說過，「生命中最重要的決定就是和誰結婚，找到適合的人結婚，將會讓你的生活更美好，會改變你的願望和各種事情，甚至可以決定你的成功或失敗。」

在我的部落格某幾篇文章中，曾提到我親愛的老婆，限於篇幅及前後文，並沒有好好介紹她，反而好像只是阻止我轉系或是和我吵架等負面的形象。

我們是在大學一年級時認識的，大二時因為社團的一個活動，她穿著很正式的 OL 套裝，我被她的氣質深深吸引。我和她是天上地下的差別，我是一個從小只會讀書的書呆子，從國中開始補習，高中最後甚至全科補習，填鴨式地考上台大，也不知道自己要什麼，傻傻地填志願，從電機、物理、資工逐一填下來。

與我不同地，她英文超好，高中英文免修，課業上完全沒有補習。除了中文英文，還會西班牙文、日文，台語也很溜。如果說我的成績是死記拚出來的，那她就是另一個極端，靠天份、聰明、創意征服課業。

大學時期，我在化學系苦苦掙扎低空飛過，她則是輕鬆愜意地通過土木系的各種課業及考試；我在台灣的研究所申請都沒有上，只能先當兵，後來準備出國申請，期間她又讀了一個台大

土木碩士。

好不容易我有美國的學校念了,也幸運拿到獎學金可以付擔學費。她則是晚我一年申請到我鄰近州的學校。

當我碩士畢業後,投了 800 多份履歷,都沒有找到一個正職工作,只能先做無薪實習,她沒有埋怨,除了幫我練習面試,也持續鼓勵著我,甚至願意和我結婚。她很勇敢,那時候的我沒有工作、沒有錢(最窮的時候銀行裡剩不到 1000 美金),只有很多的不確定。結婚後應該撐起一個家的我,並沒有真的有貢獻,只能勉強靠她的微薄獎學金一起拮据生活。

我的求婚戒指很普通, 連用台灣的標準都比不上。在我們要去登記時用的結婚戒指,還是在 Amazon 買的雜牌戒子,我的 30 美金,她的 60 美金,兩個人的戒子款式還不一樣。我們一直說存了一點錢之後去買個對戒,但真的要買的時候,她又覺得不需要多花不必要的錢,可以把錢省下來。

好不容易在美國找到第一個軟體工程的實習,後來可以轉正職的時候,剛好另外一個機會農業圖書館也來敲門,那時候其實農業圖書館的薪水大概比新創公司高 35%,但她並沒有要我一定選錢多的,而是讓我自己決定想要做什麼。當然,後來我

選擇軟體工程之路。

在 2014 年底，我想來矽谷挑戰自我，說服了她一起辭掉工作，在矽谷重新開始。雖然一開始有遲疑，但是最後她還是願意和我一起冒險，放棄她那時候在馬里蘭大學教書的工作、放棄在馬里蘭的朋友圈，和我一起追夢。

我們在 2015 年顛沛流離，為了省錢一年內搬了八次家。曾經一度我在舊金山上課，她在距離八十公里遠的南灣上班，只能做假日夫妻。幾個月後好不容易我找到工作了，慢慢在矽谷站穩了腳步，我開始分享我半路出家軟體工程師的歷程。

因為時代背景，宅宅的我在矽谷算是有發揮的舞台，但很多時候，我也是靠親愛的老婆幫忙，磨練我的口說，用她的智慧幫我琢磨人生決定。老婆和我價值觀蠻像的，我們沒有很高的物質慾，車子都是有年紀的舊車，衣服及生活上的開銷都很節省。她手機用了將近四年，我之前買了新手機當禮物還被她要求拿去退貨。

我很幸運地在大學時遇到了她，一路上我們經歷遠距離以及低潮時刻，但是她並沒有埋怨，不論在什麼時刻，她始終相信著我，給我支持。我知道，我現在看似成功的一面，如果沒有她，將什麼也不是，我打從心底感謝她，I owe her everything for that ！（我為此欠她一切）

她有著土木工程及寫作的雙碩士，在最近兩年，她也和我一樣，半路出家變成矽谷的軟體工程師，不一樣的是，她並沒有再念一個碩士、或是上程式語言密集班，她用比我更有效率及省錢的方式，完成轉職的目標，她將她的心路歷程分享在她的部落格上，並分享許多女性職場、媽媽職場上的感觸。她的創意及文筆也是我遠遠不及的，常有許多人知道我的部落格後，下一句不是說我，而常常是：「你老婆是『工程師作家的轉行人生』吧！我很喜歡她的部落格，讀起來很溫暖！」

謝謝你一路看到這有點閃光的文章， 以上提到和我親愛的老婆的過往種種， 希望可以帶給你更多面向了解她及她的價值觀。這本書集結了她的生命故事、每次重大的人生轉變、還有她希望用文字陪伴世上所有和她一樣努力、勇敢，卻又孤獨、自我懷疑的人們，希望你們藉由她的書，得到支持你自己的勇氣及追求理想的希望。

最後，希望你也找到或是即將找到你人生的伴侶，一起有著美好的生活。

「半路出家軟體工程師在矽谷」Brian

推薦序

溫暖、好讀、實用！一頁一頁忍不住一直看下去，每章都有滿滿的故事、細膩的敘述，讓你彷彿跟著 Vanessa 到了特斯拉、馬里蘭、波多黎各和台灣。故事裡有引人反思的人生道理，Vanessa 也不忘提醒大家獨立思考。整本書我都很喜歡，其中特別幾點我特別愛！

第一，當你不怕說自己差，就不會有人笑你。Vanessa 產後回到職場的時候開始學畫工程圖，她想「既然當了媽也不怕丟臉，你們就笑吧！」沒想到，大家沒笑她，反而是一起幫她。

我離開臉書後，創了人工智慧租衣訂閱服務 Taelor，過去十年我只在大公司聽廠商簡報，從沒推銷過什麼東西，但公司剛開幕，誰也沒聽過，只好硬著頭皮去朋友的活動宣傳。平常面對上千人的演講我也不擔心，但面對不到一百人的活動、五分鐘的宣傳，我卻緊張到不行。開頭我直接坦承我是新手創業家，希望大家試試我們產品給些反饋，沒想到大家倒是很熱情。大概就跟回應校園霸凌的妙招一樣，你先承認了自己的不足，別人就沒什麼好講你！

第二，我是誰？是這、是那、都是！就像書名一樣，Vanessa 在多重身份和轉變中找到自己。

我提供職涯諮詢給數萬粉絲，最多人問的問題之一就是「我不知道自己到底定位在哪裡。」我是記者、唸了行銷，但花了十年做產品管理，大家卻還是覺得我是行銷人，接著我又來時尚界創業，然後到了大學教書。雖然寫履歷和面試時，你得清楚定位自己擅長的職位和角色，但人生，就像是 Vanessa 一樣，多數的我們有很多身份，很多時候，自己也說不清楚。放輕鬆，你就是因為這樣與眾不同！

第三，以為沒時間？結果更有效率做更多事。「有件事情很急，就交給最忙的那個人做」是我們在職場上常會聽到的半玩笑話。就像是 Vanessa 在當了媽後又找到更有效率的時間管理，我在創業後才發現上班時覺得「真的沒時間」根本是在說笑。很多人很羨慕聰明的人，但我到了美國名校和科技巨頭後才發現，絕大多數的人都不是天才，努力、韌性、嘗試才是不二心法！

在平凡人生做個不平凡的自己，只有轉變才是那件不變的事，一本帶給你愛、真誠和力量的好書！

矽谷創業家、前臉書產品經理／矽谷阿雅

作者序

我曾和許多人一樣,對我的工作感到提不起勁、看不到未來;我曾和許多人一樣,想要轉職、轉行,卻說不出來我的夢想是什麼,也沒有勇氣放掉累積的年資重新來過。

因此,我做夢也沒有想過,我從技術寫作員轉行成為軟體工程師的契機,竟會是我第一次成為一位媽媽這件事。有人說,我在家中有小嬰兒的情況下還能夠自學轉行到要靠硬實力的軟體工程師職位很不可思議,但事實是,要是沒有我女兒的到來,我可能一輩子也鼓不起勇氣轉行成為工程師。

女性要兼顧職場與家庭從來都是一件蠟燭兩頭燒的事情,而許多女性在有了孩子之後,便被迫選擇辭職在家,或者從事較沒有工作前景、能將家庭擺在第一順位的工作。從小到大,在我的潛意識裡,我似乎也一直將我職涯的盡頭放在生下孩子的那一刻,認為生了孩子以後,我必然會想要一份較簡單、責任較輕、接近打工性質的職位。

但事情的發展與我的想像大相逕庭。在我女兒三個月大的時候,才剛從生產恢復的我就回到我在特斯拉汽車工廠擔任技術寫作員的職位上班了。而在 2018 年十月,我女兒九個月大的時候,我非但沒有換到一份較輕鬆的工作,反而決定挑戰自學寫程式,和我先生一樣成為一位矽谷的軟體工程師。

我辭掉了特斯拉的工作。平日白天女兒去保姆家的時候，我全職在家透過線上課程從程式語言幼幼班 「Hello World」開始學習怎麼寫電腦看得懂的語言；在有了一點基礎後，我便開始投遞履歷、也漸漸得到面試的機會，並從每一次面試失敗的經驗理解自己哪些地方不足，經由檢討對症下藥學習與加強。晚上六點過後我從保姆家將女兒接回家，而這時無論我當日學習的進度如何，我便按下學習的「暫停」鈕，如往常一樣，陪伴女兒、將時間投注於家庭。週末的兩天亦是如此。陪伴女兒的時間便是我能在學習進度上強迫休息的時間。這樣的日子經過九個月，在我女兒一歲半、我三十三歲的時候，我達成了我的目標，找到了矽谷一份全職軟體工程師的職位。

究竟是什麼樣的刺激，讓家有小嬰兒、每晚要起來餵奶兩次、上班要抽空跑哺乳室擠奶的我下定決心轉行成為軟體工程師？而我又是如何達成我的夢想的？這本書的誕生，來自於我人生中這個巨大轉變的體悟。

這是一本關於轉變的書。我們時常被既有的身分、被現實困住，認為人生要「重新開始」很難，但我們其實都渴望「重新定義」自我，讓生活像一本全新空白的記事本那樣，展開嶄新的一頁。我的人生截至目前有過三次巨大的改變。第一個轉變，是我在小學四年級的時候從我的出生地波多黎各搬到台

灣。第二次轉變，我從台灣大學土木工程碩士畢業後，到美國讀小說創作的碩士。而第三次轉變，便是我由技術寫作員轉行成為軟體工程師。這三個故事，我會在本書不同篇章著墨。

三次的大轉變都像人生急轉彎，也都伴隨著蛻變的痛苦，但這些經驗讓我清楚地理解：我們每個人都有巨大的潛能，每一天都是我們未來人生的嶄新開章。只要願意，我們都能夠轉變、打破自我，也打破自己被這個社會賦予的定位。

我是一個媽媽，生完孩子後，我以為我會再也沒有時間學習、會無法兼顧事業與家庭，沒想到孩子的成長刺激了我的求知慾，使我重新檢視自己的人生，因此我反而用更少的時間完成了更多事情。

一切就由我請完育嬰假回到特斯拉汽車工廠上班的那一天說起吧！

Chapter 1.
當了媽媽以後，我靠自學轉職成為工程師

Chapter 2.
小學四年級，我從波多黎各來到台灣

Chapter 3.
從土木工程到小說創作，我的跨界思考

Chapter 4.
我是一位太太、一位媽媽，一位工程師

Chapter 1.

當了媽媽以後，
我靠自學轉職成為工程師

育嬰假過後，
忐忑不安地回到職場

2018 年的五月，我抱著忐忑夾雜著些許興奮的心情回到位於加州矽谷特斯拉汽車工廠的辦公室上班。請了產假加育嬰假的我，睽違五個月，終於要正式回到職場了。

還未走進工廠，我就已聽到熟悉的機械手臂聲以及廠內運送貨物、零件的卡車和怪手、金屬撞擊金屬的噪音。是的，那是噪音，因為平時走在生產線內我們都得戴上耳塞以免造成永久的聽力損失；但那聲音對我而言也是充滿活力、幹勁的，象徵著這是一座充滿生命力、熱血沸騰的工廠。

我穿越錯綜複雜的生產線，走在一部一部怪獸般的機械之間，看著那熟悉的畫面：工人們以熟練的身段鎖上零件、焊接、搬運製造好的汽車部位、彼此吆喝。這一切就像是一座停不下來的叢林，而叢林的盡頭，步行十五分鐘路程的盡頭，才是我的辦公桌。

走行十五分鐘的路程中，不停地有同事跟我打招呼。我的工作是技術寫作員（Technical Writer），負責將生產線的流程以文字、照片紀錄下來，作為標準化作業的規範。因為我時常要和工程師詢問最新工法、和工人、工頭溝通，因此我幾乎人人都認得。在這個製造部門、生產線的「前線」工作環境中，無論是工人、工頭、工程師、乃至高階主管，彼此之間的階級

關係劃分地不明顯，大家都是穿著鐵鞋、戴著安全帽、手指染有金屬汙漬的「黑手」。甚至大夥「種族」的區隔也不明顯，因為有太多種不同的膚色並存於這間工廠裡了：有墨西哥裔的、菲律賓裔的、有來自法國的、德國的、有越南人、南非人、黑人、白人，當然也有像我一樣，來自台灣的移民。他們恭喜我生了孩子、並跟我開玩笑說我再不回來他們都以為我決定待在家裡當全職媽媽了。

有人說：「待在家裡全職照顧小孩的話，妳豈不要無聊死了？」

也有人說：「說真的我覺得女人就該在家裡帶孩子不是嗎？我認為上帝的旨意是這樣的。」

我在這工廠裡是再少數不過的女性了。在膚色或工作職等上，我感覺非常融入群體之中，但我的性別卻是明顯突出的。我所屬的車身製造部門有一千人，而我在這個部門工作的三年期間，就我所知，我是唯一一位曾出現的孕婦。因此我對於這類有些「政治不正確」、針對我的性別的「玩笑」早已麻木。我笑了笑，不時地停下腳步拿出手機、秀出我還未滿三個月的女兒照片給大家看。

每當提起我的女兒，我心中難免糾結一下。我回來上班的第一

天，也是我女兒第一天寄放保姆家。我不知道保姆是否會善待我女兒。我那連翻身都還不會的孩子，萬一被虐待、被綁架，我此生都不可能原諒我自己。但我已經面試過十幾位保姆、把能夠調查、釐清的問題盡己之力做到了。再多的提防、準備，最終我還是不得不選擇某一位陌生人來相信。但願老天眷顧我，不要讓我選到的是一位壞人。

坐到辦公桌後，一切感覺還是那樣的熟悉。這辦公室裡大半的人是機械工程師，還有像我這樣，做著支援工程師的工作的人。因為所有人的工作都有一部分是需要在生產線上進行的，因此百餘人的辦公室裡，座位總有三分之二以上是空的，而辦公室的門則是永遠有人進進出出，進來取忘記帶到生產線的工具、出去勘查數據中待確認的項目。辦公室的氛圍是忙碌卻一點也不拘謹，血氣方剛的大家很容易為了一言不合大聲吵起架，卻也能在下一秒鐘稱兄道弟。這辦公室就是這樣一個充滿活力的地方。

我們組的一位工讀生 Andrew——一位還在讀大三的化工系學生——向我報告五個月來他頂替我做的事情。他把我交代的事情做得完美無瑕，除此之外還替我們組的機械工程師們分擔了許多職務，因此人人都對他讚不絕口。我的經理 Ross——一位說話大聲到辦公室任何一個角落都能聽到他說話、五十多

歲的白人——以他一貫熱情富有溫度的方式歡迎我回來。他用力地拍了我的肩膀，說：「要不是妳今天出現，我真的以為妳不會回來上班了。」

因為我認識 Ross 闆夠久，我知道他這句話並非針對我個人。只不過是，在他的觀念及人生經驗中，女人生了孩子後，多半是選擇相夫教子。

我在汽車產業待了三年，理解到的是這個傳統產業中的許多成員出身自美國「保守派」的家庭。他們多半家中擁有槍枝、喜歡打獵，對於男人和女人擁有不同的天職認為是天經地義的。與這樣一群人共事，在加州矽谷是相當少見的現象，因為加州是講求平權的美國民主黨的大陣營，而矽谷又是充斥著各國移民的高科技重鎮。在這樣國際化城鎮工作的我，卻遇上了觀念較接近美國中西部思想保守、對新事物態度保留的一群同事，算是我在汽車工廠工作的一大新鮮體驗。

我的同事們紛紛過來和我哈拉。他們習慣於句子中夾帶「三字經」，而不管我說多少遍我不在意他們的「語助詞」，他們仍是每說出一個不雅的詞彙就要向我道歉一次。

「我不該在女性面前說這個字眼的。」他們總是如此說，一而

再再而三地放大我是我們組中唯一一位女性這件事。

是的，即便我離開五個月，回到工作崗位，一切又是那麼親切的熟悉，彷彿我根本就不曾離開那樣。

我坐在辦公桌前檢視電子郵件，一方面，我鬆了一口氣，因為我請了五個月的假回來後一切如常、我的職位也還保留著；另一方面，重拾我那再熟練不過、已做了快三年、閉著眼也能完成的工作，我不禁再次捫心自問：我到底還要原地打轉多久？

長久的心事——
想要轉職

「我想要換一個職位、換一個較有挑戰性、新鮮感的工作。」
這個想法已在我腦海中打轉許久，大概有兩年以上了。只不
過，若不是當技術寫作員，我要做什麼、能做什麼？

技術寫作員是我離開學校以後，唯一從事過的職業。思考轉職
了半天，我始終停駐在空想階段；每次真要投出履歷、申請換
組的節骨眼上，我便會勸退自己。我對於未知感到恐懼，深怕
換了公司、換了職位反而使我應付不來，遇上要頻頻加班的職
務、遇上刻意刁難的上司。

我雖然時常幻想能對產品有更直接的決策能力、影響能力，我
雖然渴望能當那位想出解決方案之人，而不只是去紀錄別人求
證過後的解決辦法——但我總能說服自己至少我準時上下班、
同事、上司待我不差。較有影響力、決策力的工作意味著週末、
假日也得臨時加班處理緊急狀況，這樣的日子真是我想要的
嗎？況且，我有一天也要生孩子、當媽媽的，到時候我就會更
加仰賴這種不用加班、責任不重的工作了。說不準到時候我便
會辭掉工作不是嘛？何必自找麻煩、改變風平浪靜的生活？

在這種心態之下，某天我真的就懷孕了，而懷孕又給了我更強
烈的藉口不做任何改變。畢竟若在懷孕身體不適的情況下換到
新的單位，我怎能有餘力學習新事物？懷孕時的我已要頻繁請

假產檢了，跟上司打好關係、扮演合作、討喜的優良員工保住我的職位、確保產假後還有工作才是當務之急，千萬不能節外生枝再迎接轉職的風險了！我是這樣告訴我自己的。因此懷胎十月的過程中，我就暫時將職涯的迷惘拋到腦後。等生完孩子再說吧！

「我想轉職嗎？我的夢想是什麼？」這些困難的問題，就交給以後再說吧！

孩子出生的頭三個月交織著喜悅與令人喘不過氣的黑暗。若非親身體驗，沒有人有辦法想像抱著一個渺小、脆弱卻又無比可愛的嫩嬰在懷中的幸福感，尤其是當那個孩子是全然屬於妳的，是妳由無到有創造出來、小心翼翼呵護而來到這個世上。成為一位母親對我帶來的改變是徹底的、顛覆性的，就好比我過往的人生是一段遙遠、屬於他人的記憶那般，我看世界的方式從此改變，從此以考慮我孩子的安全與快樂為第一優先。

原本的我，只需顧好自己；成為媽媽後，我卻要為另一個生命全權負責。這個改變來得太突然、令我措手不及。雖然身邊的親友暗示過我，有了孩子後，生命將從此回不到從前；雖然我的先生是一位百分之百和我共同分攤育嬰職責的好隊友，身分的轉換還是將我徹底淹沒，讓我時常在幸福感之餘掉入黑暗無

底的絕望漩渦之中。孩子不分晝夜地哭鬧、討吃、討抱，一天的時光也失去劃分成二十四小時、白天或晚上的意義，因為無論如何，我都逃不出這永無止盡的責任、永無止盡地滿足一個小生命想吃、想睡、想人陪的需求。我感到空前的疲累，我時常藉由一天爆哭好幾次宣洩無奈。

回到職場的那天，我感到久違的解脫與輕鬆。工廠的巨大噪音震動著地板，但我卻覺得好清靜，因為那些噪音只要戴上耳塞我就可以說服大腦忽略他們，不若嬰兒的哭聲，每一次響起都使我精神緊繃，害怕擔憂她是否頭撞到了、窒息了、遇上生命危險了？

成為人母後，我被女兒訓練地做事手腳非常快，因為她的哭聲比任何消防警鈴都讓人進入戰備狀態。我以同等幹練的速度處理完公事，發現上班真的是非常悠閒的一件事：我有時間慢慢地上廁所、有時間邊喝咖啡邊和同事閒聊，就連到哺乳室擠奶，也不再手忙腳亂、不再將好不容易蒐集到的乳汁打翻一身，因為沒有嬰兒在一旁催促我。

當我坐在電腦前處理工事時，我訝異地發現我會因為專心而有連續好幾分鐘的時間忘掉我已是人母、已有一位女兒這件事。我以為成了母親之後，那母親的身分將會吞滅我所有生命中其

他的角色，但事實不然。回到工作崗位的第一天，我徹悟了一件事。

育嬰假的五個月中，我陷入了一個母職的時空黑洞：我的生命中突然多出了一位可愛的嫩嬰，而這位嫩嬰在一夕之間取代我、成為我生命中的主角，因此我以為全世界都跟著改變了。但在工廠裡的一切卻是另一個平行時空，在這個時空裡面我只是請假了一段時間，但我的身分沒有改變：我依舊是 Vanessa Wang，是技術寫作員，扮演者汽車生產鏈中渺小卻不可或缺的重要角色。

回到公司上班的第一天，我雖然有點想念女兒，但我得到了三個月來從未有過的休息，因為我終於能夠從事一些跟育嬰毫無關係的事情了。打從我半夜陣痛、到醫院生產，那就是我睡眠不足的開始。女兒出生的第一個晚上我和先生就輪流照顧黃疸的她而一夜無眠。回到公司上班的那天，是我第一次毫無心理壓力地坐在椅子上邊喝咖啡、邊思考下一件要處理的事情是什麼。我奪回了時間的自主性、也因此奪回了人生的自主權。過去三個月中每天吞噬我的憂鬱感、一天爆哭好幾次的無奈從此隨風而逝、再沒有回來過。

放眼望過繁忙的生產線，清一色都是男人的身影，女人沒有幾

位；幾位零星的女人，也幾乎都是單身或尚未生孩子的。以前，我對於這個景象的感想是自我懷疑，懷疑我在這之中能生存下去嗎？該退出嗎？但現在我的感覺全然不同了。

成為媽媽的我，對自己證明了一件事：我並非草莓族，我能吃苦，也已經熬過了懷胎十月、陣痛生產二十小時、三個月睡眠不足的苦日子。經過生孩子的訓練，我發現上班這檔事跟育兒之苦比起來就是小菜一碟。就算我的工作職責比現在難上三倍、五倍，我也能欣然接受挑戰。母職給我了我自信——我是堅韌、打不倒的，這是鐵一般的事實。

下午五點，我收拾包包、到哺乳室冰箱拾取分兩次集好的母乳、趕往保姆家接孩子。我在走到停車場、開車前往保姆家的路途中慢慢地將身分再次轉換回媽媽。雖然才回去上班第一天，但我對我的表現很滿意：我能夠駕馭這兩種身分，也喜歡這種雙重職業的日子。所有回到職場的擔憂揚長而去，留下的是對自我潛能的期待、對未來我所能夠做的事情的憧憬。

以前常聽別人說女人當了媽媽以後就比較難衝事業、就要以家庭為重，彷彿只要成了媽媽，人生一切就都來不及了。但我感到我的人生才剛要開始呢！

為了找「職涯導師」，
我創了特斯拉的公司社團「職涯輔導互助會」

我在特斯拉總共工作了三年。三年中，我除了擔任技術寫作員的職位以外，我最大可以拿來說嘴的事，就是我成立了一個「職涯輔導互助會」（Mentorship Program），讓同事們定期聚會、互相諮詢、互為彼此職涯上的導師。

這個職涯輔導互助會的成立、營運是完全自發性、義工性質的。我和另外兩位不同部門的同事在因緣際會下，早在我懷孕之前就成立了這個公司內社團。這個社團在我們的用心經營下逐漸茁壯，我們不厭其煩地宣傳我們的社團、尋求人事部門、職員教育部門等人的幫助，吸引來自全公司各部門的會員，每一次活動都有一百多人參加。就連美國不同州及歐洲的辦公室都慕名而成立了我們社團的分支呢！

活動中我們邀請各部門的副總裁、總經理來演講，依不同主題幫助大家做職涯規劃、探討升遷、經營人脈、培養管理能力等議題。演講過後，大家分組進行小組討論，藉由討論認識彼此、互留聯絡資訊，讓大家能在私下繼續來往、互當彼此的職涯導師（mentor）。

每次活動結束，我們總會收到參與人員感激的信件，感謝社團對他們的諸多幫助。但我最初開創此社團，主要是出於自私的目的：我不知道職涯該如何規劃下去，所以我希望能尋找一些

「職涯導師」引領我。我認為技術寫作員的職位對我而言已失去挑戰性，但我不知道什麼樣的職缺是適合我的。簡而言之，我需要一個能追求的「夢想」，而我希望能靠有經驗及智慧的前輩來告訴我「我的夢想是什麼」。

每次舉辦活動、邀請公司高階主管來演講，我理所當然地擴充了公司內部不同部門的人脈。透過認識不同部門的主管，我得以進一步理解不同部門的工作內容、釐清除了技術寫作員外，還有什麼樣的工作可能適合我。

某次活動中，我認識了一位工程專案管理部門的經理。她是一位來自法國的女性，個性溫和、溫暖，因此活動結束後我寫信給她，詢問她是否願意當我的 mentor、給予我職涯上的建議。

就這樣，Celine 成了我的 mentor。

第一次私下見面，我們約在公司食堂喝咖啡。我向她自我介紹，說了我的背景：

「我來自台灣，畢業於台灣大學，擁有台大土木工程的學士與碩士學位。畢業後，因為我喜愛寫作，我到了美國馬里蘭大學讀了一個創意寫作的藝術碩士。和先生搬到加州矽谷以後，我

一直從事工程技術寫作。我能夠快速理解工程術語、也擅長溝通寫作，所以我認為這個工作是適合我的。只是，我現在感到有些無聊了；我想要做一些更有挑戰性的事情，但我不知道我能做什麼、適合什麼。」

我熟悉地介紹自己的背景。每次工作面試，說著自己的學歷、來歷，大致也就是這麼一段稿，因此我看似自信地背誦這串話，但其實我內心非常地難為情。面對面講自己的事情對我而言是有難度的，我總是害怕別人怎麼評斷我這個人。

每當跟別人解釋我沒有「學以致用」，畢業後沒有直接當土木工程師，反而還跑去唸小說創作，我就感到非常內疚，同時防禦心立即築起。我預期會遭受質疑、預期必須為自己「反常」、「不切實際」的選擇做辯駁。

但 Celine 只是善解人意地用心聆聽我的故事，並且分享了她自己的故事。

「我在法國時，大學讀的是資訊工程。但我認為寫程式語言不是我最擅長的事情，因此我只有當過幾個月的工程師，後來都是做專案管理、計畫管理。」

我感到被理解、被接受，頓時鬆了一口氣。我放心地繼續説出我的心事。

「我真的不知道接下來要幹嘛。我認為我需要一份用得上我的分析及處理問題能力的工作。」

「妳會考慮當工程師嗎？」Celine 從來不直接強加她的個人意見，總是以聆聽的立場出發理解我的想法。

Celine 的疑問，在我心中盤旋多時。可以説是，從我在特斯拉上班的第一天開始，這個疑問就在我心中萌芽。

第一天上班，我被安排坐在一位剛從麻省理工學院畢業、比我早兩個月加入公司的女孩 Cindy 旁邊。Cindy 是產線工程師，小我七歲。因為她的個性非常熱心、開朗，而她又聰明、有能力、令我無比佩服，我們很快就成為好朋友。她提議帶我參訪 Model S 及 Model X 的生產線、向我説明每個工作站的內容、運作方式。我們各自戴著安全帽、耳塞、護目鏡，穿著鐵鞋、防割袖套、手套走在迷宮般的工廠裡，繞完一圈回到座位時，已過了三小時。我的腿早痠得走不動了，但曾是麻省理工學院田徑校隊的 Cindy 面不紅、氣不喘，依舊一臉精力旺盛。

第一天在特斯拉上任，我理解到我的工作內容就是要時常與 Cindy 及其他的工程師們走產線，從他們身上學習最新工法、最新打造車輛的作業流程，並將流程記錄下來作為訓練工人們用的教材。這些作業流程時常改變，因為工程師們隨時都在尋找更好的材料、更有效率的作業順序、更能確保車輛品質的工法，因此我的文件得跟上工程設計變更一塊更新。

我所在的部門是製造車身骨架的 Body Center，總共有一千人左右，包括蠻高比例的工程師。但紀錄工法、寫技術文件的人，只有我一人。我知道我的工作也很重要，但我所擔任的職務的價值在於快速地紀錄別人想出來的解決方式，不是去解決眼前的問題；當我寫下所謂的「新」工法時，那個工法早已不「新」，因為工程師們早已在研究下一個棘手的問題。

因此，才第一天上工，我心中便冒出了一個小小的聲音。那個聲音說：我以前念的也是工程，難道我做不了 Cindy 的工作嗎？我難道想不出改善電動車生產線的方法嘛？

我搖搖頭，不讓自己有這個想法。

這個想法是不對的、不應該的。我怎能冒出這種想法呢？

過往一連串的生命選擇在我腦海中快速閃過：讀完台大土木工程碩士學位的我，不顧教授、家人的反對來到美國馬里蘭大學攻讀另一個與我的理工背景全然無關的學位：小說創作碩士。我放棄了能在台灣知名企業工作的機會，也放棄了申請續讀土木工程博士班，選擇追求我從小到大最大的夢想——寫作。

「讀這個學位出來要找什麼工作？」「妳要怎麼養活自己？」

眾人的質疑愈大聲，我愈堅持自己的想法。我對於土木工程全然無興趣，而只有創作能帶給我真正的快樂。即便要過著餓肚子藝術家的生活一輩子，我也趨之若鶩。

「為什麼不去讀博士，以後跟妳媽媽一樣當大學教授不是很好嗎？」

我的爸爸、教授、學長，就連不熟的親朋好友都忍不住一再勸我改變主意，嚴厲地警告我未來肯定會後悔將青春浪費在一個毫無前景的學位上。大家都知道文科生的工作機會不如理科生來得多，而我所讀的小說創作「藝術碩士」（Master of Fine Arts），是比文組學生更找不到工作的學位。

但我依舊堅持我要走的路。就算心中我也害怕、就算心中我比

誰都自我質疑，但既然是我的選擇，就不能讓別人看見我的猶疑。

事後我向自己證明，選擇讀小說創作這件事，是我人生最好的決定。那三年寫作的時間是我人生中最快樂的時光。但這個選擇也成了我的一個心病，為了要向世界證明我永遠不後悔放棄過去所學、投身創作，我比任何人都急於證明——我能過得很好。

從創作碩士班畢業後立即找到馬里蘭大學的講師職位時，我開心地不得了。我教美國大學生「技術寫作」（Technical Writing）這門課。結合了我的理工背景及寫作專長，我找到了能糊口的飯碗，不是嗎？當初那些勸退我讀創作的人——我已向他們證明了我沒有走錯人生道路吧！

當我和老公由馬里蘭搬到加州矽谷，我更在半導體公司，甚至知名的特斯拉找到技術寫作員的工作，賺取的薪水雖然不如工程師那般優渥，但在文字工作者中也算是高薪。我感到走路都有風——這一切的一切，都證明了我當初放掉在土木工程累積的所學、投身創作是明智的選擇，不是嗎？

因此當 Celine，猶如許多其他的 mentors 一樣，問我「妳考

慮當工程師嗎？」我心中真的是百感交集，不知如何回答。

距離我從台大土木碩士班畢業，已經過了七年的時間。我從來沒有在職場上當過一天的工程師。現在過了那麼多年了，工程那麼「硬」的學問我哪做得來？就算我做得來，誰要給我這種機會？

況且，如果我說我想當工程師，豈不是對於我過去七年一連串的職涯選擇的背叛嗎？我曾發誓一輩子置身創作、也曾公然跟身旁許多勸退我這種想法的人說「絕不後悔」。如果我又去當工程師，不就等於承認我過去的任性、堅持都是錯的、沒有意義的？

面對 Celine 問我想不想轉職工程師的問題，我的心情是複雜的。我含糊其詞，說我覺得自己搞不好也適合做專案管理、供應鏈管理、人資之類的。

我和 Celine 繼續定期見面、討論。由我還沒有懷孕、到懷孕挺著大肚子、到生完孩子回去上班，我都定期向她報告我職涯探索的進度。

請產假之前，每當我和 Celine 見面，我便和她說我跟哪個部

門的哪個人見面約談。那時候的我，不定期地便會搜索公司內部通訊錄，依照同事的職稱尋找我可能會有興趣、聽起來有意思的工作。我寫 email 給這些素未蒙面的同事，詢問他們是否願意一起喝杯咖啡或講一通電話，讓我訪問他們、了解他們的工作內容。許多人都欣然同意了，因此我得以了解一些特殊的職位：

- Instructional Designer（專門製作職員訓練教材的教材設計員。 Instructional Designers 設計的課程好比全公司都得上的「性別平等」、「反性騷擾」課程。我認為自己或許對這個職位有興趣，因為我喜歡教學。）

- Program Manager / Project Manager（以前以為 PM 只有一種，後來發現 Project Manager、Program Manager、Product Manager 等等其實都是不一樣的職缺。Celine 是 Program Manager 部門的經理，因此我了解到 program 通常包含許多個 project，program management 是 project management 之上更高層次的管理範疇。）

- Recruiter / Human Resource Business Partner（在仔細理解之前，我一直以為只要泛稱 HR 的人就是負責打

電話招募新員工的人。後來才知道尋求人才、招募員工是非常專門的一個職缺，由 Recruiter 負責。HRBP 則是處理在任員工的一些問題，如薪資、勞資糾紛、離職等等。)

請產假前，我跟 Celine 的討論進行地非常緩慢。雖然她很善解人意地陪我探索興趣，但事實是我若不知道自己要幹嘛，再多的導師也幫不了我。

Celine 也是媽媽，因此我也常請教她如何兼顧事業與家庭。尤其她和我一樣，是美國的外國人，不若住在自己國家的人能有親戚幫忙照顧孩子。

「確實不容易，也很累！」她說。「但絕對不是做不到的事情。」

這是 Celine 常給我的答案：人生有很多事情困難也令人頭痛，但我們都做得到！

請產假回來後的第一週，我終於有了新的消息跟她報告了：「我要開始當工程師學徒，思考是否要轉職工程師囉！」

我當「工程師學徒」的日子

當工程師學徒的契機，來自於我在「職涯輔導互助會」中認識的一位同事給予我的建議。

她跟我說，與其憑空想像我可能喜歡什麼樣的工作，我其實可以以一個學徒的身分，跟在別人身邊觀摩，實際做做看那個工作，我就知道到底適不適合我了。

在我請產假的五個月期間，由一位工讀生 Andrew 替補我的工作。Andrew 是馬里蘭大學化工系大三的學生。在我從產假回到職場時，我驚訝地發現，原本對於機械、工廠運作毫無概念的 Andrew 除了幫我做文件紀錄的工作以外，也幫我們組的工程師做非常多事情，做得人人滿意。Andrew 在短短五個月之中，從幾乎什麼都不會已經進化到可以獨當一面設計機械零件、聯絡廠商製作零件、安裝到生產線上，進而改善生產流程。

那時我領悟到，如果一個工讀生可以在我請產假的五個月中學會那麼多事情，沒有任何理由我會學不來。事實上，工讀生讓我領悟到了，在我猶豫不決想著「我行嗎？」「可以嗎？」「有希望嗎？」的幾年間，足夠我轉職四次有餘了。

我想起那位同事的建議。「何不實際做做看，就知道到底喜不

喜歡、做不做得來了？」

是的，我是否喜歡一個工作，我總得嘗試看看才知道，不是嗎？不然我永遠將停留在空想階段，即使再過三年、我再生另一個孩子、再請一次產假回來，情況也不會改變。而眼前離我最近的一份工作，就是工程師，我何不從這個職位開始體驗？就當作一種實驗嘗試看看吧！

回去上班的第一週，我跟老闆 Ross 說我有話跟他談談。

「我想要跟在組上機械工程師身邊觀摩學習。」走進會議室，關起門後，我開門見山就說了這句話。我從來不擅長拐彎抹角。「我以前就是讀工程的，我相信我可以學得來的。」

我的老闆也不囉嗦，立即點了頭。「我覺得這是好選擇。」

在汽車業做了一輩子、研究、處理機械運作三十餘年的老闆，底下管理的人，除了我之外，都是機械工程師或技工。其實他很久之前就跟我說過他認為我轉職當產線工程師會比繼續做技術寫作員有前景。

我跟我的老闆說，工讀生 Andrew 學的、做的，我要依樣畫

葫蘆，全部交派給我吧！Ross 一回到座位上立即就把組上一位資深工程師 Gabe 叫過來，叫他以後要去產線上做什麼勘查、研究就把我帶著，讓我參與所有會議、所有設計、所有零件生產。接下來幾個月，我除了繼續完成自身文件紀錄的工作之外，我就一直賴在 Gabe 身邊像海綿般地吸收、學習。

「唯有實際做做看才知道喜不喜歡」這個概念，在《恆毅力：人生成功的究極能力》（*Grit: The Power of Passion and Perseverance*）這本暢銷書中有深入地討論。作者心理學家安琪拉・達克沃斯（Angela Duckworth）說，很多人被電影或媒體誤導，以為那些成功名人都是從小就知道自己喜歡什麼，例如我們可能以為某位名廚從第一次下廚房就確立了自己此生要貢獻於美食界。但事實是大部分的人都是經過無數次測試，換過一個又一個人生志向後，才走到真正屬於自己的那條道路。

擔任 Gabe 的工程師學徒那幾個月我過得非常充實。我跟著他去開那些我以前沒有機會參與的會議，跟其他工程師一同討論如何解決某個生產線上的人體工學問題。

生產線上，許多作業是自動化的、靠機器手臂運作。但還是有些動作，如鎖螺絲、焊接、上黏著劑、將車身金屬板等半成

品放到工作台定位、將完成品從工作台搬下來運送到下一個流程的工作台……這些都是手動作業，依靠工人的勞力與技術完成。

在某個工作站裡，有一個程序是工人須將沉重的金屬板從工作台上搬上搬下，但那個搬運的角度，受限於生產線規劃不容易施力、不符合人體工學，因此工人時常受傷、扭到腰、傷了背。一旦工人受這種工作傷害，復健時間可長達好幾個月，而公司也要在他們療傷期間繼續給薪，同時還得訓練替代人員。因此不符合人體工學的設計，無論站在工安或成本的角度來看，都是棘手必須立即解決的問題。

我和 Gabe 走到生產線上那個出問題的工作站，模擬運作工人的作業流程。我們只模擬一次都覺得快受傷了，何況是工人必須連續兩小時做同一個動作，而後才能休息、與他人輪班換到別的工作站做不同的工作。一般而言，工人工作的八小時中，不可能讓他們一直待在同一個工作站做同一個作業，因為重複不斷地做一個動作最容易造成運動傷害，所以大家每兩小時會換一個工作內容。

徹底理解、紀錄待解決的問題後，我和 Gabe 回到辦公室討論解決方案。我們決定在工作站裡裝一個升降搬運器，靠機械力

量將金屬板從工作台搬上搬下，這樣工人就不用自己施那麼多力了。

如何找到合適的升降搬運器？這種東西，在工廠隨處可見，我時常在工程文件裡寫上「使用升降搬運器將某物運送至某處」，但經由和 Gabe 的討論，我才理解到選擇一個合適、有效的搬運器學問相當大。

我們當然可以直接從商家買一個現成的裝到生產線上。這也是我們做的第一件事。Gabe 給我看機械工程師常使用的零件商家網站，依照類型、測量尺寸找出可能適合的搬運器。然而，這些搬運器不是尺寸不符合要安裝的工作站，就是價格過於昂貴不符合預算，或者暫時缺貨等問題。於是我們決定自己設計一個為那個工作站量身訂做的升降搬運器，交予我們的機械廠房做出成品，這樣既快速、便宜，又能隨心所欲地打造。

接著，我們就著手畫設計圖了。但我幾乎不會用 CAD（Computer-Aided Design 電腦輔助設計軟體），怎麼辦？

我開始每天練習 CAD。像學寫生一般，我從模擬畫出一些現有的零件開始，等到我訓練出基本畫工後，就能憑空設計所需要的機械零件。

不知為何，「Vanessa 在學習用 CAD 畫圖」變成整個辦公室眾所皆知的事。組上的工程師們經過我的辦公桌前都會看一下我學得怎麼樣了，給我一些指點。當媽媽以前的我，對於在眾人前面自曝其短、顯現我不會畫圖卻要東施效顰的拙樣有很大的心理障礙，但生完孩子的我，似乎將一些無用的面子問題丟到一旁，變得厚臉皮。或許是生產過程中實在經歷太多在醫生、護士面前一絲不掛的歷練；或許是孩子出生後，我變得非常習慣一天到晚處理、討論孩子的「屎尿」問題，甚至在家人朋友面前袒胸露乳餵母奶。總之，我變得更能接受人人皆是脆弱而不完美的、更能接受在他人面前掙扎、跌倒。如果有人要笑我當了媽媽還跟工讀生做一樣的事情的話，他們就笑吧！

但沒有任何人笑我。

當我敞開心懷、赤裸地在全辦公室面前邊學習、邊跌倒再站起來後，我跟辦公室裡許多人的關係拉近了。更多人願意和我分享他們的人生故事。我發現有好幾個人都是很晚才開始學當工程師。他們或許是年輕時太早生小孩以至於三十幾歲才去讀大學，或者是身體不好一直出入醫院，一直沒有辦法好好完成學業。但他們最後都做到了他們想做的事情。我一直擔心如果我嘗試學習會被笑，因為萬一我學不來呢？會不會被比我年輕的人看不起？但事實證明只要願意學習，大家都會尊敬你虛心求

教的精神。

其中最常坐到我旁邊指導我畫工程圖的，是一位白人資深機械工程師，Steve。

Steve 時常從他凌亂的桌面上找出一個小零件：一個六角的螺帽、一個螺紋複雜的螺絲、一個用來裝生產線上相機的組裝零件，他要我「挑戰」將它用繪圖程式完整 3D 呈現。當我遇到困難畫不出來的時候，他不厭其煩地指導我一兩個小時，傳授我他的獨家畫圖、抓比例、測量秘訣。

Steve 是一位有趣的人。他最常說的一句話就是「I'm a jerk.（我是個混蛋）」

他的身材魁梧、主見很強、聲音很大，卻又自我保護色彩重；如果他跟你意見不合，他會毫無猶豫地以咄咄逼人的方式與你辯論到讓你有些想哭。

是的，Steve 不是位好相處的人。在他指導我用 CAD 畫圖之前，我一直害怕他。甚至，我之前一直猶疑我是否能夠轉職工程師、久久沒有行動的其中一個原因，就是因為我身邊許多像 Steve 般的人物。我想像著自己被他們無情地取笑、攻擊我

憑什麼以為自己能半路出家當工程師？我懂什麼？滾回自己的職位安分點吧！

在汽車工廠上班裡的人，如 Steve 這種個性鮮明的人不在少數。這是一個十分陽剛、也視陽剛氣息能作為氣勢「壓過別人」為優點的地方。畢竟機械聲音那麼大，你說話的聲音自然要更大聲以壓過他人。生產線的流程一環扣一環，只要一個小螺絲出狀況，立即就會成為停擺整個工廠的瓶頸，因此不管是負責哪個區塊的工程師、工人，都有強烈的「領土」意識，不喜歡他人任意地、沒有經由同意地來動他的「地盤」、碰他們的工具。

曾經有一次，我剛走進辦公室就聽到一位工程師對著另一位工程師大聲謾罵、說出非常多不堪的字眼。那謾罵的程度是大吼大叫，到了必須有人將他拉開到一旁平息怒火的地步。

事情的導火線是那位被罵的工程師未經同意，擅自取了另外那位工程師的一組機械工具，結果不小心把道具用壞了。那組道具的主人愛他那組工具入骨，因此完全無法原諒別人竟敢未經同意將工具直接拿去用。

還有一次，我們組內兩位工程師在會議桌上、老闆坐在一旁的

情況下直接開始拍打桌子、站起來對罵。原因只是因為其中一個人請另一個人重複他剛說過的一句話。被要求重說的人沒好氣地說：「你幹嘛不仔細聽我說話？」

另一個人站起來以怒吼的方式大叫，「我聽不清楚，不行嗎！」

「那就他媽的戴上助聽器呀！」另一人更大聲地叫囂回去。

我都要嚇死了，但我老闆只是淡定地坐在一旁讓他兩人自己吵個夠。這只是血氣方剛的工廠日常，就連兩位大男人吵架、一位把另一位罵到哭的情況都有了。

所以 Steve 耐心、無私地指導我電腦繪圖的那段日子，我真的非常感動。他非但沒有取笑我的求知慾與企圖轉職工程師的野心，反而時常說出很鼓勵人的話。

「我要教妳畫這個很難的圖」他說。「我知道妳能夠駕馭的，因為我發現妳數學很好。」

Steve 的肯定比什麼定心丸都對我有效。已經七年沒有接觸任何跟理工有關的東西的我，對於自己的理工能力非常沒信心。事實上，從以前在台大土木系的日子，我就時常為數理能力所

苦，不然為何結構學、應用力學、工程數學，每個必修科目我都修得那麼痛苦？

一向就事論事、直言不諱的 Steve 卻說我數學很好、三角幾何概念很清楚，因此他相信我能快速學會用 3D 繪圖。隨著我畫出一張又一張跟原零件長得一模一樣的工程圖，我開始相信我的數理能力真的不差，真的無需懷疑自己能夠勝任工程師的工作。

或許大學時代成績不好只是練習不足吧！或者是，老師教學的方式不是最適合我的方法；也或者是，身旁競爭者太強，讓我逐漸失去自信。不管原因為何，我驚喜地發現，我的數理能力或許不是頂尖中的頂尖，但在這個世界上，絕對有我的一席之地。

女兒一邊長大，
我也要跟上她一起成長

擔任工程師學徒那段時間是我女兒三到八個月的期間。我每天都睡不好、上班要擠奶、半夜要餵奶，但我的心靈很充實，因為我有了人生目標、天天在學習。

我再也不用無限迴圈地想「我能夠轉職工程師」嗎？我用行動代替空想；無論我喜歡或不喜歡當工程師，當幾個月的學徒後我就會有答案了。喜歡的話，我就正式朝成為工程師的目標邁進；不喜歡的話，那我就再去當別的職位的學徒。既然我所在的組有許多機械工程師，所以我就從這個離我最近的職業開始探索吧！

當媽媽以前的我，無法想像生完孩子的我會反而更認真地上班、更上進地學習——怎麼可能會有時間做這些事情呢？但我從襁褓中的女兒身上，對於「時間」有了全新的認知。

初為人母的我每天看著嬰兒神速的發展，我突然對於自己的不上進感到很羞愧。

嬰兒學習的速度是非常驚人的：他們出生時幾乎什麼都看不見，只能靠嗅覺找到媽媽的乳頭。但是不用一年的時間，他們就學會翻身、坐、爬、站、走、跑……他們甚至可以表達他們想要什麼（就算不會用講的，他們還是能用其他方式表達）、

聽得懂大人講的話。我不禁想，如果人類在出生的第一年之內就已經獲得大部分生存的技能的話，我們接下來的人生到底都在幹嘛？而我停駐在躊躇不前、不敢踏出轉行的第一步的三年期間又在幹嘛？

一方面我感到羞愧，另一方面我心中也燃起了希望。「原來人類學習的潛能是這麼巨大的！」

我們常常覺得「時間不夠」、幾個月的時間不足以完成什麼，但對於嬰兒而言，一個月三十天，能夠學習的事情實在太多了！ 你一定聽過「七坐八爬」這個詞：上個月只會坐在那裡的嬰兒，下個月已經可以滿屋子到處爬行了。能夠進步地那麼快，無非是因為他們每分每秒都不斷地在練習新的生存技能，絲毫沒有浪費時間。

我從女兒身上體悟到時間分分秒秒都很寶貴，因為哪怕只是一秒鐘的時間，好好把握的話，我們都能向前進步一點。那時的日子，我和先生每晚半夜要起來餵女兒喝兩次的奶，但我們靠著輪流職守夜班的方式渡過那段時間：如果今晚是我職守，那不管女兒幾點哭我就要起來安撫她，但如果今晚輪到先生職守的夜晚，我就會直接睡死。以這種方式，我每兩天會有一晚完整的睡眠，所以靠著意志力以及上班偶爾跑到哺乳室或車上偷

眠幾分鐘，我漸漸習慣當上班媽媽的日子。

下班後，我就不會去想上班的事了，而是專心地處理無止盡的育兒雜事，如換尿布、幫小孩洗澡、紀錄何時該付保姆錢、參觀很久以後才用得上卻需要排隊好幾年的幼稚園等。因此上班的九個小時中，我便以最快速度完成我寫文件的工作，以留下最多的時間能夠跟著 Gabe 學習新事物。

而真的是有太多東西可以學了！當工程師學徒的半年間，我學習到的東西其實一直都近在咫尺，只是我一直沒有機會、也不懂得去爭取機會學習。

好比說，我們辦公室後面就是一個機械廠房(machine shop)，在此有許多位專業技工能按照工程師給予的工程圖打造出幾乎任何東西。這個廠房裡有上萬種材料、工具，光是螺絲、螺帽就分門別類地放在一格一格小抽屜裡，幾乎任何型號都應有盡有，比外面的五金行更壯觀。廠房內的機器都是價值連城、十分昂貴的；那些擁有三十年、四十年以上經驗的技工猶如藝術家、魔術師般，能將金屬、塑膠、木材雕琢成任何形狀。

這個機械廠房距離我的座位差不多十步路的距離，而且還是直

接隸屬於我的老闆 Ross 管轄，但我三年之中幾乎沒有踏進去過。

現在以我工程師學徒的名義，我終於走入這間廠房。

Gabe（加上一點點我的幫忙）已畫好了那個升降搬運器的工程圖，現在就是要利用機械廠房打造出實體物的階段了。我們帶著印在半開紙張上的工程圖，戴好護目鏡、防割袖套等琳瑯滿目的防護道具，走入廠房。

我以為將工程圖交予技工後，我們就會走人等待幾天後領取成品。但結果完全不是那麼回事。

Gabe 說我們可以自己在廠房裡找材料，自己打造那個搬運器。於是我們開始四處張羅材料：兩塊長條金屬板、兩片環形金屬、幾根螺絲、繩索、鉤子等等。

張羅材料本身就是一段冒險。我們除了在浩大的機械廠房裡翻箱倒櫃尋找可用的器材外，資深的技工 Carlos 也幫著我們一起找，就像是一個尋寶遊戲般。Carlos 是位個性很急、講話快到每句話都要說第二遍別人才聽得懂的人。他一下說「那邊有一塊能用的板子！」我們還沒跑到目的地他立即又說「啊！

那塊板子上次⋯⋯的廠房！」

「你説什麼？你説太快了我沒聽懂！再説一遍！」

但 Carlos 已經飛快地朝著另一個廠房走，我們只有快速移動跟在後面跑。

原來他説的是，東西在另一個機械廠房——Joe 的廠房裡。Joe 的廠房跟我們組的廠房類似，也有許多道具、材料，那裡的技工一樣能做出幾乎任何東西。

一見到 Joe，Carlos 急驚風地表示要他們交出那塊金屬板。也不知他們是心有靈犀還怎樣的，Joe 問也沒多問就帶我們去那塊板子的所在處。當我們拾走我們需要的材料後，Joe 便立即拿起掃把掃地。Joe 是一位全身都是刺青的大男人，但他非常愛乾淨。「我受不了東西髒亂、不整齊」他常跟我説。

在特斯拉工廠上班的日子就是這樣有趣。每個人都做著辛苦的工作，但其中樂趣也很多。因為工廠的工作性質，我們時常都是跑來跑去並且需要跟很多人説話，因此一點都不似一般辦公室職位那般，只是死氣沉沉地盯著電腦。

回到我們自己的機械廠房，我們便動手將蒐集好的材料切割成我們需要的尺寸。

「讓 Vanessa 割吧！」Carlos 直接把我帶到切割金屬的巨大機器前。

聽他這麼提議我嚇了一跳。這台機器比我的身高還長，圓盤的刀片直徑超越我的手臂。我對這台機器能切斷任何東西毫無疑問，包含我身體的任何部位。

「真的假的！」我驚恐地說。

「Why not ？」

於是，在 Carlos 和 Gabe 的教導、監督下，我第一次使用金屬切割機切出了我們所要製作的升降搬運器其中一個部分。

請完產假回去上班的日子，我每天都在學習新事物：從畫工程圖、到廠房製作實品、而後裝到生產線上讓工人實際應用，我漸漸理解工程師這個職業：由找出問題、分析問題到尋求問題的解決方式，這就是工程師的每一天。

我雖然讀了工程的學士和碩士學位，卻是在當工程師學徒的日子中、實際動手才真正說得出工程師的工作內容是什麼。而我發現，我一直在尋求的轉職目標，根本無須捨近求遠，就是成為一位工程師，因為我太喜歡「尋求解決問題的方法」這個過程了。從一開始生產線丟給我們一個人體工學、造成工人職業傷害的問題，到後來做出升降搬運器、裝到生產線上解決問題，這個從無到有的過程，帶給我無比的成就感。但我知道要成為真正的工程師，我的距離還很遙遠。我得從零開始學習。

但又如何？跟嬰兒比起來，我們世界上每一個人都實在太遜了。我沒有看過哪一個大人的學習意願比嬰兒強的。嬰兒一旦學會坐他們就迫不及待要學站；一旦會站便迫不及待想要走路。他們想要學習的強烈意願是誰也擋不住的，因為他們一心一意就是想要進到下一個階段。有時候白天練習不夠，嬰兒半夜還會爬起來練習呢。一天中他們練習這些技能多少次？我親眼看著我的孩子扶著東西站起來、跌倒、再站起來，她根本不在意跌倒，你還沒意識到她摔下去時她早就再站起來了。嬰兒是不怕跌倒的，因為她壓根沒想過跌倒會被笑這種事。

而既然我們「每個人」都不如一個新生兒，那如果我轉行期間必須從零開始、從當實習生開始、從最底層開始，那又如何？連我不到一歲的女兒都可以當我的人生導師了，那麼向其他比

我年輕的人學習、向實習生、大學生請教，又有什麼困難？從那時候開始，我知道年齡、年資這種東西是沒有意義的！如果我真正想要學習，我必須放掉對這些沒有意義的數字的執著，虛心求教於任何比我厲害的人，而且不要畏懼從最底層開始重新往上爬。

唯有再次把自己虛心定位到一個什麼都不懂、什麼都不會的嬰兒姿態時，我才有可能真正的學習、真正的進步。

生產線工人教我的事：
人生很不公平；時間很公平

在特斯拉工廠工作的三年中，我看到了很多不同的人生型態。大部分的工人日復一日做著一模一樣的工作，每天來上班鎖的是同樣一根螺絲、焊接車子同一個部位；有些人做到退休還是在同一個職位，因為那個循環很難打破；許多人通勤單趟就要兩小時，回到家的時候已經累癱了，什麼都無法想了，只能快點睡覺因為隔天還要早起、五點到工廠打卡。但如果不住那麼遠的話，要怎麼負擔矽谷昂貴的租金、養家糊口呢？某一天我早上九點到工廠的時候，有一位工人跟我揮手說再見，因為他已經要回家了。他每天三點就上班，那天他是特地提早下班趕去參加他兒子的幼稚園畢業典禮。

這樣的情景每天圍繞在我的身邊，我很佩服這些人的耐力和毅力，他們認真地上班照顧一家人，就像你和我一樣，我不覺得我們有任何差別。其實我又何嘗不是每天上班做同一件重複的事情、鎖同一根小螺絲、困在同一個無限循環裡？

我知道唯一不同的是我比較幸運。我成長的環境讓我有機會、有資源讀完大學，讓我上班的時數短一點、讓我不用每天花四小時通勤，讓我每天在上班之餘可以有多一點點喘息和思考的時間。也因為這樣，我比他們有時間和機會去打破自己所在的無限循環裡。我有時間和機會去進修、學習、增加自身價值。問題是，我有這麼做嗎？我有好好地利用我每天比他們多出來

的那點時間嗎？

生產業工人是一個非常勞累的工作，大部分的工人下班後很難有餘裕去想人生下一步怎麼走、如何改善生活品質。但我還是認識好幾個工人在上班之餘在職進修大學學歷。在美國讀大學非常不容易，因為實在太昂貴，大學文憑幾乎成了有錢人的專利，有些工人是利用退伍軍人的福利才能修課。

我問這些一邊工作、一邊讀書的工人他們怎麼做到的？用什麼時間讀書？

「很累。但我就是想著我的目標。反正就是四年，撐完就對了。」

有人跟我說讀完大學他要當專案管理師；有人跟我說他要當護理人員，因為加州護理人員的時薪很高。他們都很清楚自己的目標，知道自己是為了什麼而犧牲睡眠、犧牲娛樂的時間。

我們組上的一位機械工程師，就是從最底層的工人，靠著一邊工作、一邊學習，用四年的時間以學徒的方式先成為技工、再慢慢被升到工程師的。他沒有讀大學，從高中開始就是半工半讀，這不是他的錯。他跟我說他生長的環境惡劣到如果你沒有

一個「老大」可以依靠，走在路上隨時可能被抓去揍。他的父親酗酒，因此他高中就得出去賺錢、以自修的方式補完高中文憑。但他的工作態度是最好的，他比任何人投入更多時間、更多努力，他什麼都願意做、願意學。也因為這樣，許多跟他同時期進到特斯拉的工人四年後還是做著同一個職位，他卻已經變成工程師了。

四年的時間可以完成大學文憑；四年的時間一個小孩可以長到差不多什麼都會了；四年也可以一事無成。無論過得很累或很輕鬆、無論是要為夢想賭一回或躊躇不前，每個人時間流逝的速度都是一樣的。人生是不公平的，但時間是公平的。

我如果從今天開始改變，可能得用四年的時間才能成為獨當一面的工程師，也不知道何時能夠通過面試得到這個職稱，而且過程必然是辛苦、要流淚流汗的。也或許，我永遠無法成功地完成我的夢想。

但如果我什麼都不做、什麼都不改變，那四年後毋庸置疑的，我還是會在同一個地方原地踏步，詢問自己四年前為何沒有起身，為何連向前跨一步的勇氣都沒有？

那時候的我三十二歲。比起公司裡許多人，我覺得自己年紀很

大，想到要和二十幾歲的人競爭、一起學習，就覺得有點害怕。但轉念一想，就算我什麼改變都不做，明年我一樣是老一歲、四年後一樣老四歲。我還是動身吧！

我在特斯拉工廠的日子——
你所不知道的矽谷

我在特斯拉汽車工廠工作三年，天天走在機器手臂之中。我一直想記錄在工廠裡遇到的人、聽到的故事，一直很想把我的所見所聞寫下來，因為在工廠裡的一切，與工廠外的矽谷大環境讓我覺得是截然不同的兩個世界，讓我看見昂貴的矽谷造成的懸殊貧富差距。

工廠外的矽谷，朋友都在科技公司上班，Google、Facebook、Netflix……每家公司比的是誰的免費午餐好吃、誰提供的免費飲料比較多種、誰的育嬰補助錢比較多。而科技公司的軟體工程師中，總有人因為公司上市，股票價值一夕之間翻漲好多倍，一人擁有好幾棟房子是常有的事（最誇張聽過有人一次買下 40 棟房，當然這是超級極端的例子）。

工廠裡呢？我很喜歡跟工人們聊天，他們也願意跟我說他們的人生故事，讓我得以理解不同人的生活型態。特斯拉工廠位在 Fremont，以矽谷來說，Fremont 已經算是偏離「天龍國」蛋黃區，要過一座橋才到得了的地方。但對於大部分的汽車工人們來說，Fremont 還是太過昂貴，於是他們大部分住在更內陸、更偏遠的地方像是 Lathrop、Manteca 甚至 Sacramento。一開始我難以相信他們光開車來上班單程就要將近兩小時，而他們每天早上 5:50 開工，遲到三次的話會被開除。更慘的是停車場車位不足的問題使得大家光找位置就

要找差不多二十分鐘，因此慌亂之下，停車場內發生車禍的機率其實蠻高的。我常常在工廠廁所門口看見一些工人拿著一件外套蓋在頭上、躺在地上睡覺。後來我才理解他們是晚班的工人。有些人因為家住得太遠、通勤時間太漫長，乾脆平日就睡在工廠裡或者自己的車子裡，假日再回家。

有一位工人我特別常跟他說話。他是一位六十歲的黑人大叔，他家也住在車程一小時以上的地方。但你知道嗎？他在汽車工廠下班後，還要去舊金山機場聯合航空搬運行李。有一天他很開心地跟我說，他換到了在聯合航空郵件室裡的班，現在只需要整理郵件不用搬運行李了。他還常常說如果我要訂機票，他可以幫我用他的員工折扣。但事實是我沒有太多的時間找得上他，因為只要有休息時間他就往健身房跑。「不健身的話我就搬不動東西了」他說。他有時候會在家做牛肉乾來工廠賣給同事，我也跟他買了幾次。他說他的夢想是把牛肉乾生意做起來，全職做這件事。我沒有問太多他的私事，只是聽他說，但似乎是因為他太太得了癌症，逼得他不得不多兼幾份活。

有一次我假日去採櫻桃，禮拜一帶去工廠給大家吃。一位工人朋友看到我寥寥幾顆櫻桃裝在一個很小的碗裡笑說：「妳愛吃櫻桃怎麼不早說？我家就是採收櫻桃的廠商。」他跟我說他雇用許多（跟他一樣）墨西哥裔的櫻桃工人，假日幫他採櫻桃，

他再把櫻桃賣給別人。「你知道他們採多快嗎？兩隻手十隻手指頭一起採。採一桶我付他們一塊美金」。

還有一位我常找的工人，第一次深聊是因為我決定在背上弄一個刺青，我問他手臂上的刺青圖案是怎麼決定的。他跟我說刺青師父都是藝術家，要給他們創作的空間，讓他們幫你設計刺青圖騰，我覺得非常有道理。他還跟我說因為他是木工，他身上的刺青都是用他的木工去跟刺青師傅做等值的交換。後來我發現他非常喜歡以物易物的買賣模式，而他似乎不管生活中需要買什麼，都有很好的通路，例如可以買到非常便宜的豬肉、牛肉。他還特別喜歡料理，因此我們部門常委託他去張羅食材好辦妥部門的墨西哥捲餅午餐。

好多好多的故事，讓我看見矽谷不同族群的面貌、不同人的故事。說這些故事，不只是要強調矽谷不同階級經濟能力的不等，雖然這也是故事重要的一環。每個人都有許多面向，生活像洋蔥一樣一層又一層的，不是這麼容易用階級、經濟能力或膚色去做歸類。唯一可以確定的是，大家都以自己是製造業者這件事情感到自豪。不管生活多麼辛苦，大家總是以自己能夠用體力、勞力及經驗製造出一台又一台的汽車這件事情為榮，並且在不斷重複的每一天中，透過玩笑、音樂、夢想找出新意和希望。

上班的閒暇空檔中，
我發現了寫程式的樂趣

請完產假、回到職場的我，比人生任何時候都好學、認真。或許是因為懷胎十月與照顧新生兒訓練出來的耐力，但更可能是因為我的心態調整了。原本的我，每天腦袋瓜裡轉來轉去想的都是自己的事情，對於要轉職、要找到夢想這些事情，過度在意之下變得患得患失，反而無法付諸任何行動。

現在不同了！因為日子實在太忙了，我根本沒有時間想東想西、瞻前顧後。我的想法變得簡單而直接——既然要工作，那就想辦法找到真正喜歡的吧！畢竟出外工作的的機會成本是很高的，我每一分鐘在外頭工作，就是少一分鐘參與女兒的成長，那當然要做自己真正喜歡的！我意識到我的時間真的很寶貴，因此不能容許自己浪費生命在食之無味、棄之可惜的崗位上。孩子每分每秒都在長大、人生每分每秒都在流失……還猶豫什麼呢？放手一搏、盡力而為吧！

除了當機械工程師學徒，我在某天上班空檔時刻好奇地想：「或許可以學寫程式」。

想要自學寫程式這個想法在我腦海迴旋四年了，但我一直沒有行動。打從 2015 年我先生加入舊金山為期三個月的 coding bootcamp（程式語言速成班），成功轉行成為軟體工程師後（他原本讀的是環境科學），他不時都會問我是否也有興趣去

學程式？歷經了四年，他已經做到 Facebook 的軟體工程師了，但我卻總是敷衍地回覆「某天吧！」其實沒有認真考慮動手學習寫程式。

產後的我，想到無論要換到什麼樣的工作、轉到哪一個行業，會寫程式一定是加分。既然上班有幾分鐘的空檔，就利用時間研究一下學寫程式要從那裡下手吧！我打開瀏覽器搜尋「我該學哪個程式語言？」

搜索的結果，把我帶到一個免費的程式學習平台 freeCodeCamp。網路上許多人推薦初學者利用這個網站學習網頁開發的程式語言 JavaScript。從半路出家成為軟體工程師的先生那裡，我也理解到在軟體工程廣闊的領域中，JavaScript、網頁前端開發這一塊真的是比較適合初學者上手的。

我在 freeCodeCamp 登記會員，打開第一堂課。萬事起頭難，我想著如果我能夠打開第一課聽個五分鐘，那就強過過去四年只是虛應故事、把「某天要學寫程式」當成一種陳腔濫調的口號的我了。

第一課打開，我才發現這個課程網站跟我想像中的線上課程完

全不同。我以為會有一位老師在影片中講話，但我只看到一個設計得很像遊戲平台的介面。銀幕上寫著這是第一關，有簡單的幾行文字說明，然後就是破關條件：用程式指令讓電腦在銀幕上呈現「Hello」。

我花了五秒鐘的時間就破了課程第一關。我所花費的時間遠小於我原本預計的五分鐘，於是我想著，那就再上第二課吧！第二關是寫程式指令讓電腦用另一種字型呈現另一串英文文字。這次我花了十秒鐘也過了這關。

就這樣，因為 freeCodeCamp 把課程設計得如同遊戲，又把前面的關卡設計得簡單好懂，我在原本設定的五分鐘內竟然破了十幾個關卡而且對這個網站「上癮」了。五分鐘過後我依舊繼續課程，沒有停下來，也在破關的過程中將 HTML、CSS 這些網頁開發入門的概念學起來了。

我抱著沒有一定要怎麼樣的心態，不管上班、下班，若有空檔就登入 freeCodeCamp「玩」個幾關。我沒有特別逼迫自己「學習」，只是因為破關帶給我成就感，因為我喜歡看到登入頁面上紀錄著我已闖過五十關、一百關等等，因此我就持續地學習。

隨著關卡愈來愈困難，我也愈來愈確定我很喜歡寫程式的感覺。這和我在生產線上分析機械問題、畫工程圖、找出解決方案那種「解決問題」的過程有著同樣的滿足感，但我能夠掌握的部分更多了。

我大學讀的是土木工程，因此我理解無論是土木工程、機械工程，工程師本身對於旁人的依賴度很高。好比說，一個建築專案要動工，牽扯到許多法律、環境議題、土地規劃，還得招標、承攬施工廠商。好比，我和 Gabe 要做出生產線上一個小零件，不管是買現成的零件或者委託技工按圖製造，必得聯絡廠商、安裝時要通知工頭、工人、安排適當的時機安裝，甚至生產線一部分必須停擺。事後也要重新訓練所有工人如何按照新的流程作業。

但軟體因為沒有實際硬體設施，工程師幾乎可以在鍵盤上獨立完成所有事項。當然，任何工作都需要大家同心協力、也包含許多溝通協調，但軟體工程相對於土木工程或機械工程比較不會出現因某個人或作業造成「瓶頸」、所有作業都得停擺的狀態。

隨著我當工程師學徒到了第五個月的時候，我開始理解我想要當工程師，但可能不是我接觸過的土木工程師或機械工程師。我愈來愈確定，我想和先生一樣，轉行當軟體工程師。

完成了轉行最困難的第一步

如果問我，轉行最困難的事情是什麼，對我而言，答案是「找出明確目標」。當我發現自己喜歡寫程式語言，決心轉行當軟體工程師後，我就已經達成了最困難的這一步了。之後的學寫程式、練習面試技巧、丟履歷找工作雖然也很辛苦，但因為我的目標明確，心中至少有一個夢想能有所寄託。

設立目標的這個步驟花了我將近三年的時間。從萌生想做更有挑戰性的工作、到在特斯拉成立職涯輔導互助會、尋求 mentors 探索可能有興趣的職業、生孩子帶給我的心靈啟發、在工廠當工程師學徒、在 freeCodeCamp 上自學寫程式⋯⋯這一連串的探索過程真的是最累、最不容易的。很多人都找不到自己的熱情所在，我完全能夠理解，因為唯有不厭其煩地各方嘗試，以試誤法慢慢刪掉自己不喜歡的職業，才可能找出一個適合自己的目標。這就像尋求戀愛對象一般：雖然每一次敞開心房與人深度交往可能會受傷，但若因為怕受傷而不出門多認識朋友，怎麼可能找到適合自己的對象？

但尋找夢想有個過猶不及的陷阱，若是過於完美主義的話，就會掉入「這個不夠好、下一個更好」永無止盡、尋尋覓覓的痛苦之中。這世界上應該沒有一百分的職業，事實上，適合我的職業可能有五百個之多，但我已經找到其中一個了——軟體工程師。既然已經找到其中一個我喜歡的職業，我就不再拘泥是否有

其他「更」適合我的職業了。一直比較的話，永遠尋求不完。

「成為一位軟體工程師」就是我千辛萬苦才找到的目標。同時，我還知道我想找的第一份工作是「網頁前端開發工程師」，因此目標更加明確。能有如此明確的目標，這要感謝我的先生，他在 2015 年已經經歷了轉行的旅程。當時的我們特地從原居住地馬里蘭搬到舊金山，就是因為他要轉行成為軟體工程師。我從他身上對於矽谷的軟體工程師就業環境、轉行環境有一定的理解，知道半路出家的人，最容易切入軟體業的方式，還是要從前端網頁開發著手。更何況，我老公就是臉書的網頁前端軟體工程師，若我跟他專攻一樣的領域，那學習過程中也比較方便問他問題。

我已經完成了「找到明確夢想」這最困難的第一步了，但接下來的挑戰還是很多：要如何學會能夠讓我找到第一份工作的技能？我也要跟老公當初一樣參加 coding bootcamp 嗎？我真的能夠轉行成功嗎？

該辭職嗎？困難的抉擇

在我請完產假，剛回去上班的時候，我曾經跟我媽媽說我在工作上感到很無聊、很想換工作。也提到要同時帶孩子與上班很累，所以想辭掉工作，「思考人生下一步」。

我以為媽媽會同情我當職業婦女蠟燭兩頭燒的困境，叫我好好休息一下。誰知她的回應是這樣的：

「如果妳是男人、有養家的壓力，妳能夠說辭職就辭職嗎？無聊的話，就在職進修，去探索妳想學的東西吧！」

我的媽媽是大學教授，一直以來都是兼顧事業與家庭，所以我很尊敬她的想法。因為她的這句話，讓我領悟到自己真的是在找藉口。我連下一步目標是什麼都不知道，難道辭掉工作整天在家沒事做、就會突然做夢夢到我的職涯計畫嗎？雖然職業婦女很累，但我不能以這個理由逃避當前真正的問題。若我真的想探索職涯下一步，那麼我很累地一邊上班也還是可以探索。因此，在我下定決心轉職成為軟體工程師之前，我都沒有辭職。

但此刻的我已經確定我的職涯下一步了，那我是否還是要一邊上班，一邊進修學習寫程式呢？雖然我家中有當時九個月的寶寶，但我知道要是我真的強迫自己，還是可以犧牲睡眠找出上

班、自學寫程式與育兒三件事同時進行的方式。就像工廠裡我遇到的許多位上進的同事、就像世界上很多沒有選擇的單親媽媽，許多人都憑著意志力完成了不可能的任務。

另一方面來說，若是我要賺錢、學寫程式、顧孩子三件事並行，我犧牲的便是轉行的速度。我很確定，如果辭掉工作專心學習，我可以更快轉行成功。

矽谷軟體工程師的面試過程是很困難的，它通常包含好幾道「白板題」，也就是不同的面試官輪流出動、拷問面試者資料結構與演算法的題目，而面試者必須即席在白板上以麥克筆用程式語言解出答案。這不但考的是面試者對於程式語言的熟悉程度、應變邏輯能力，也是對應徵者的溝通能力嚴格的考驗——你必須清楚地溝通你的思考過程，一邊寫出答案，一邊解釋你為何如此解題。

就連是工作多年的資深工程師，到了要換工作的時候，都還是要花好幾個月的時間練習艱澀的考古題「刷題」，而且即便如此，還是有可能無法通過那過五關斬六將的面試過程。至於初學寫程式、無基礎的我，自然必須花更多心血去練習刷題，就像以前考大學聯考那般，懸樑刺股、自我鞭策吧！

考量到面試的難度，以及我希望能盡早轉行成功，我最後決定辭掉技術寫作員的工作，以最大化小孩子每天去保姆家的時間來學寫程式。檢視家中財務狀況及我的銀行存款，我確認暫時辭掉工作是可行的方案。即便如此，想到之後家中會少了一份薪水，而且不知道我必須花多久時間才能找到第一份軟體工程師的工作，我還是非常地害怕。會不會最後還是無法轉行成功？若轉行不成，到時候回頭來找技術寫作員的工作時，我還找得到嗎？放掉在手的工作去追求一個那麼遠大的目標，我會不會兩頭空？想不透的擔憂，使我輾轉難眠。

接下來面臨的抉擇是，我要如何學習寫程式？我是否要和先生當初一樣，參加 coding bootcamp ？

回想 2015 年，先生參加 coding bootcamp 的那段時光：他每天早上七點鐘我還沒起床的時候就已出門，而回到家時已經是晚上十點。非但如此，他一週只有禮拜天一天是休息的。這樣的日子他經歷三個月，從速成班結業後，他又花了三個月的時間一邊刷題一邊面試，才找到了在 Solar City 軟體工程師的職缺。

我要像先生當初一樣，參加 bootcamp 嗎？除了我先生，我們身邊也認識一些朋友是依靠程式密集班轉行成功、在矽谷擔

任軟體工程師的。因此，我對於 bootcamp 的成效有很不錯的信心。

但我想來想去，仍舊覺得 bootcamp 不適合這個時刻的我。一方面，課程價格不菲，要一萬八千美金。另一方面，雖然速成班的選擇很多，但地點大多在離家車程一小時以上的地方。再說，我無法想像每天早上七點出門晚上十點回家。首先面對的是孩子照看的問題，雖然先生說他願意這三個月一人顧小孩，或者，我們也可以花錢請人幫忙。但無論如何，我會有三個月的時間幾乎完全看不到小孩醒著的時光。孩子三個月的時間都可以從不會翻身進步到會坐、會爬了，我不願意就這樣錯過她三個月的人生。

我決定先靠網路上的課程自學看看。就姑且從我已經開始上的 freeCodeCamp 繼續下去吧！我不知道我哪來的自信，但只要想到要錯過孩子三個月的成長，我就覺得一定有其他方法能達成我轉行的目標。

那時候我參考了網路上許多靠自學成功轉行的經驗分享，理解到真的有不少人是從零基礎開始、自己搜集網路上的資源學寫程式、而後投遞軟體工程師職缺、找到第一份工作。既然有人用這種方式成功過，那我就試試看吧！

孤獨的自學歲月

在家全職自學寫程式的我，每天從小孩九點鐘送到保姆家，直到晚上六點接她回來，這中間九個小時，就是我學習、投遞履歷、面試的時間。

這段時光的我，既不是全職媽媽，也不是工作媽媽，那我到底算什麼？

「妳就是學生嘍！」我先生常這樣跟我說。

「可是別人一定會覺得我都什麼年紀了，還在當什麼學生……別人一定會笑我不務正業，要嘛就好好當媽媽，要嘛就好好賺錢……」

「妳每次說的『別人』到底是誰？」先生總這麼問。

「哎呦！就……你知道的嘛！就別人啊！」

「那妳不要管別人不就好了？」

這是在我自學的九個月期間常出現的家常對話。學寫程式固然難、面試固然難，最難的還是克服每天的自我懷疑。

英文有一個片語叫 mommy guilt，就是「媽媽」這個身分產生的一種「愧疚感」。每一位媽媽都理解這種感覺：上班的時候對家庭感到愧疚，準時（或提早）下班回家的時候對上司、同事感到愧疚；就算是全職在家照顧小孩，也對於沒有賺錢、分擔家庭支出感到愧疚。或許還衍生出更多版本：對父母愧疚、對公婆愧疚、對朋友兄弟姊妹感到愧疚⋯⋯總之，不管做了多少事情、每天有多累，哪怕已經把化妝、保養、吃飯、睡覺的時間都犧牲了，還是覺得自己做得不夠好、要更加油才行。

全職自學寫程式的我，既不是全職媽媽，也不是工作媽媽，那我到底算什麼？愧疚感是不是應該要兩倍相乘？

我選擇離職、在家自學寫程式、並且在面試軟體工程師職位不斷遭受打擊的那段歲月，過得蠻沮喪的。我上了一陣子的 freeCodeCamp，又在 YouTube 上找了一些輔助影片，而後轉向 Udemy 的線上課程。因為我的履歷上沒有任何與軟體工程有關的經歷，我自己做了一些網頁、架了一個網站，用以證明我的能力。

即便如此，仍然沒有什麼公司聯絡我。我投出的履歷大多石沉大海，沒有回音。於是我找了一份無薪的實習工作、也幫一些小企業接 case 幫他們架網站以增加自己的資歷。

終於，我有了一些公司招聘人員打來的電話，也得到了面試機會。但每到了技術性的面試關卡、要實際寫 code 解題時，我不是解不出來，就是解得不夠快、不夠好，因此總會敗在這一關。我時常以淚洗面。

我的未來充滿不確定性，因為我不知道何時才能找到工作，也不知道何時才該停損宣布自己計畫失敗、放棄轉行的想法。幾乎每幾個小時我都會反問自己的選擇究竟正不正確，並且必須重新提醒自己為什麼我要離職、為什麼我要自學、為什麼我要轉行。外人未必認同我這種作法，但我自己知道那是家中有嬰兒的我經過多種自身狀況評估後決定走的一條路。我不後悔我的決定，但還是在每次收到面試失敗的信件時，感到非常疲憊與絕望。

軟體工程師的面試至少有三、四關，而每次好不容易闖到最後一關失敗時我必然大哭，因為又得從頭來過、又得再一次修改履歷、投履歷、跟 Recruiter 進行一樣的對話、練習練習練習、解題解題解題，而最難的，就是我必須一直維持正面、維持自信的表象，至少在面試官前必須如此。就算我的內心再心灰意冷，面試時我還是得把最開朗的一面秀出來，就像是我人生第一次面試我心目中最理想的一份工作那樣。

或許我根本就沒有能力當軟體工程師；或許到頭來我只是浪費了自己一年的時間；或許我應該一開始直接去 coding bootcamp 不要嘗試在家自學；或許我還沒轉行成功前就會因為心情太差每天跟老公吵架而導致婚姻破碎⋯⋯許許多多負面的想法令我不斷落淚、痛苦不已，但我始終沒有想要放棄。我渴望解脫這個未來充滿不確定性的地獄，但又覺得不得不繼續走下去，因為我還沒有找到放棄的理由。如果不認認真真地嘗試到走投無路之時，我又怎麼能夠說服自己已經失敗了？

那段在家裡面孤獨自學的日子不好受，窗外的大樹是最常陪伴我的朋友，但我卻覺得它擋住了陽光，讓客廳好陰暗。偶爾出門走走透透氣，但走到公園也就無處去了，只有回家。

但再怎麼不好受，又怎麼比得上剛生完小孩那三個月睡眠不足、荷爾蒙失調、憂鬱，每天以淚洗面卻又覺得每個人的安慰都很刺耳的日子？況且我知道自己是那麼地幸運，有得吃、有得住、有存款能在家自學，這一點痛苦又算得了什麼？於是每每收到拒絕的信件、哭一哭、一覺醒來後，先生問我是不是要放自己一天假不要練習寫 code 或投履歷時，我忽然又覺得那不然我今天要幹嘛？於是又回到電腦前繼續寫 LeetCode（軟體工程師面試考古題庫）、聯絡 Recruiter、安排面試、重看線上課程⋯⋯因為沒有停下腳步的理由，於是我就繼續上路了。

轉行的路上
幫助我的貴人

我們常聽人說，找工作就是要靠人脈。直接投遞一份履歷到公司求職網站，能夠得到回應的機率很低，但如果是透過認識的人用公司內部推薦系統幫你投遞履歷，或者能夠直接和公司招聘人員說到話，那麼得到面試的機會就大大地提升。

我深知這個道理，也知道大部分求職的人都積極地參與一些能認識人的活動，如講座、求職博覽會等。尤其我就住在矽谷，這裡更是許多科技活動的熱點，我怎能錯過這樣琳瑯滿目的擴展人脈機會呢？

但那時的我覺得參與這些活動真的太累了。一開始我參與了一些，但這些活動為了吸引上班族，都辦在平日晚上或週末，那反而是有孩子的我最忙碌的時候。每次為了參與科技聚會，我在小孩從保姆家回來後，請剛下班的先生照看晚上的時段，我再開一個多小時的車去大多辦在舊金山或 San Jose 的活動地點。活動中雖然有些許收穫，也認識了一些人，但當我開車回到家時，孩子早已睡著，而不論是舟車勞頓的我或者獨自照看孩子的先生，都感到筋疲力倦。疲憊的後遺症是吵架的頻率也增加了。

我不禁思考，雖然大家一面倒地告訴我人脈比什麼都重要，但每個人的狀況還是自己評估最準。「盡信書則不如無書」是我

一貫相信的真理，就算全世界的人都認定我必須不停地參與擴展人脈的活動，但我還是覺得把全家人累成這樣不值得。一定還有其他更適合我的方法。

我開始加入一大堆網路社群：Tech Ladies, Women in Web Development 等等，試圖透過線上活動、在不用出門的狀態下擴充人脈。

在這些臉書社群裡我會去回應別人的文、留言、甚至跟人約視訊。有一位女軟體工程師是全職接 case 的 freelance 軟體工程師。我想要理解如何當 freelancer、如何接 case、她喜不喜歡這樣的生活等，因此我跟她約時間視訊訪談，並告訴她我會送她 gift-card 以回報她的時間。但她非常堅決不需要付她任何錢，並且很熱心地跟我在視訊中講了很久。分享這則小經驗，只是想跟大家說，這世界上熱心的人遠比你想像得多。

加入愈多社群，我擁有的資訊愈多，也愈來愈理解網路世界有非常多能夠提供資訊、互相學習的社群。這些社群中我透過他人的留言得知我的自學之路、轉行之旅不孤單，有好多人和我一樣迷惘、一樣在摸索；也有好多人和我一樣已經是媽媽、已經年過三十或四十歲，卻在人生十字路口上質疑自己。

以前，聽到 networking 這個詞，我總想像著去認識某位德高望重的人，由這個人幫助我，給予我一份工作。當我透過網路社群去擴充自己的人脈後，我才理解群眾就是力量。我一個人自學是孤單的、害怕的，但當我了解這世界上原來有那麼多人、在世界的各個角落中和我為了類似的目標奮鬥時，這個資訊對我而言就是最強大的力量和幫助。

我加入了一個叫 You are TechY 的社群。我加入時，社群中只有大概一百人，大多是在學寫 code 的媽媽們。發起人是一位美國南方媽媽 Ellen。Ellen 傳訊息問我有沒有興趣幫她做一個網頁，於是我跟她約了視訊。

我其實已經忘記視訊中我們說了什麼，但結論是這樣的：Ellen 擁有自己的小公司（是一個幫助媽媽們學寫 code、進入科技業的另類 boot camp），她想為公司做一個網頁，並且也雇用了一個人幫她做。但做網頁的這個人遇到一些瓶頸做不太出來，如果我能夠幫助這個人越過瓶頸、成功地做出網頁，Ellen 就付我一百美金（大約五小時的工作）；如果做不出來她就不付我錢。

我心想沒有任何損失，反正我所有的時間都在練習寫網頁，練習的時間也沒人付我錢，於是我就答應了。一開始先生跟我說

要是我做不出來他可以代工，但我很驚訝地發現，我不需要他的幫忙，我自己靠 google 就解決問題了，而且花不到五小時的時間。當我寫信跟 Ellen 説問題已解決時，她興奮地説太不可思議了，還稱我是天才。她説她要額外再付我一百五十美金，因為我太有效率了。然後她又給了我另一個小 project。

我從來沒有想過一位我素未蒙面、住在美國北卡羅萊納州的人會是第一個讓我用寫程式語言賺到錢的人，我也沒有想過能夠透過臉書社群、透過純粹視訊中的一個對話就能找到工作機會，但我們確實是活在一個這樣的時代了。

賺到那第一張支票真正的意義是它給了我信心——我第一次知道我有能力用寫程式語言去解決別人解決不了的問題。在人才濟濟的矽谷，我的技術能力不算什麼，但在美國北卡羅萊納州的一群媽媽中，我還有機會被叫做天才。

我還在美國新創公司的求職網站 AngelList 上找到一份無薪的實習工作。一位黑人創業家 Deon 給了我機會實習、非常有耐心地教導我，從來沒有半次對我不耐煩。在我找工作的時候，他當我的推薦人，幫助我找到第一份全職工作。

我部落格的讀者問我如何克服自己在履歷上沒有軟體工程師相

關經驗的問題。我的回覆都是舉我和 Ellen 及 Deon 的例子。沒有經驗，那我就去想辦法得到一些經驗，便能寫到履歷上了。

我寫過一篇文章「如何寫出亮眼的履歷」（參見本書 P.167），我說過求職就是把自己當一個商品賣出去。想像自己是一台車，市面上車子那麼多，為何有人要花錢買你？那肯定是你功能比別人強、有什麼過人之處、讓人貨比三家最後選擇你。

我常聽很多人找工作、寫履歷時，明明過去有很豐富的經驗，卻因為自己覺得那些不算經驗、不好意思寫出來。「因為那只是 NGO 的經驗」、「因為那只是在學校實驗室幫忙」、「因為我只是兼職」、「因為是無薪的實習」。

那我就來說吧！不管你過去的經驗是在學校或業界、一小時拿一萬元或一小時拿零元，只要你能證明你技術夠、能力夠、不機車、比別人好用，那又有誰在意你是在哪裡得到那些經驗的呢？

我辭掉技術寫作員的工作後才開始自學寫程式，因此我找到軟體工程師職位前，我的軟體工程相關經驗當然是零。開始找工作後，我發現沒有相關工作經驗真的會連面試機會也沒有。很

多人會説只要表現「願意學習、上進」就能找到工作機會，但你會因為一台車「有變好的潛力」去買它嗎？還是你會買現在就功能齊全的車？

我得到經驗、補足履歷上空缺的方式，就是從幫 Ellen 做網頁以及幫 Deon 做無薪實習的那些契機開始的。就算當時只是做出陽春、單頁的網站，面試時我便可以説「我幫某某某做過一個網頁，我用了 ××× 技術 ××× 語言，他非常滿意，因為我超出預期的表現，工作效率產出成長 120% ……blah blah blah」。因為 Ellen 和 Deon 給了我證明自己的機會，往後我才能得到更大的 project，得到更多經驗做為求職籌碼。

我沒有資格悲觀
——學習擁抱「希望」

在家自學的九個月中，有一天我寫了一封信給我媽媽。信中提到了我在轉職軟體工程師、自學寫程式的路途上遇到的種種挫折，以及我正在閱讀的《恆毅力》。

《恆毅力》這本書説，做任何事想要成功，抱持「希望」、保持樂觀，絕對是必要的。

書中舉了一個心理實驗為例來説明「希望」的重要性。這個實驗將一群狗分做 A、B 二組，兩組狗都關在籠子裡，接受無規律性、無預警的電擊，每次電擊維續五秒。但 A 組的籠子有一個按鈕，按了會縮短電擊的時間，B 組則沒有。經過一整天 64 次的電擊後，兩組狗休息一夜。

隔天，A、B 二組又被關進不同的籠子裡接受電擊，但這次的籠子有一個圍牆，奮力一跳是可以跳得過去以避開電擊的。A 組的狗，也就是那些在前一天擁有按鈕以縮短自己被電擊秒數的狗全部都跳牆逃離苦難了。B 組的狗呢？牠們趴著哀嚎、默默等待受苦結束。

我在信中跟媽媽説「希望」的這個篇章帶給我的啟發。我説：「我已知道我對於寫程式語言有興趣，我也天天練習，同時我有很明確的目的性想要找到全職軟體工程師的工作。但我發現

我缺少的正是『希望』。」

回想過去人生中各種為了某件事情做努力的情景，像是考大學聯考時、申請美國創意寫作碩士班時，那時候的我和現在一樣渴望達成目的、一樣努力做準備，不同的是那時的我，心中沒有那麼多的害怕。那時的我不能說有十足的把握會成功，但我沒有那麼害怕失敗。或許是當時一次又一次模擬考累積出來的自信、或許是覺得自己還年輕、沒有時間壓力，但我總能靜下心來衝刺，只想著如何能最大化我的成功率、把資料準備到最完善、把考古題做好做滿，而不去思考失敗了怎麼辦。相對的，這次的轉行之路上，我給自己很大的壓力，因為我總覺得自己在跟時間賽跑。潛意識中，我不覺得已是人母的我還具有這種「轉行」的權利，因此我一直覺得自己只許成功、不許失敗。每天腦中打轉的都是「萬一這些努力最後是一場空怎麼辦？我將浪費了那麼多好好和孩子相處的時光、或至少是去賺奶粉錢的機會成本。」

這樣子的害怕帶來的是一種絕望感，與《恆毅力》一書中提到的「希望」完全相悖。我不禁想起《哈利波特》書中的一個情節：

護法咒（Expecto Patronum）是一個難度很高的魔咒，哈利一直施展不出來。有一次哈利偶然在森林中看見銀色的馴鹿

守護神，哈利便以為那隻馴鹿是他的爸爸變出來保護他的。後來，哈利獲得了時空旅行的能力，他回到了看見銀色馴鹿的那個晚上，想要找出他從未見過的爸爸。但哈利沒有遇到他爸爸。事實上，銀色馴鹿出現的那個晚上，並沒有其他人在森林裡幫助哈利。在那個當下，哈利終於意識到施展護法咒的神秘救命恩人不是別人，正是他自己。也就在這個時候，他看見另一個時空的自己在湖的另一邊正遭受催狂魔的攻擊。是時候讓湖這端的自己救湖那端的自己了。因為哈利清楚地理解他「能夠」成功地施展護法咒，在那個當下，他就真的變出了銀色馴鹿以擊退催狂魔。

哈利成功的關鍵在於信心：因為他知道他能夠，所以他真的就做到了。而護法咒施展的方法，正好就是「想一件最快樂的事情」。

照顧孩子也是不斷教導我「希望」的重要性。相信許多第一次當父母的人都能夠體會，育兒最害怕的不是小孩半夜一直哭鬧、要一直起來安撫他；畢竟如果只是幾個月不能好好一覺到天亮，我們每個人都還能撐得過去。育兒最害怕的是，我們不知道盡頭在哪裡？會不會小孩「永遠」都不睡過夜？會不會我們「永遠」都不能夠好好睡一覺了？畢竟每個小孩的狀況不同，真的沒有人可以跟我們說小孩養到多大情況就會好轉。

有盡頭跟沒盡頭的痛苦，就是有希望和沒希望的差別。

於是在半夜摸黑餵奶的時候，那個痛苦是以級數加成的。一方面很累，一方面想著明天、下週、下個月都要這麼累嗎？所有的擔憂都浮上心頭了——這樣累下去還有辦法上班嗎？會不會被老闆開除？會不會因為太累夫妻一直吵架最後離婚？還有辦法生第二個小孩嗎？

禪學常說人要「活在當下」，就是因為當下的苦其實可能只有一分，剩下九分的苦都是因為擔憂著未來造成的。

找工作的路上，我也時常掉入這種絕望的負面循環中。每次面試失敗就會想著「萬一我永遠一直被拒絕下去怎麼辦？」想著想著，所有的精力都浪費在負面情緒之中，也沒有戰鬥力了。但就像孩子教導我的，關關難過關關過，「this too shall pass」。雖然不知道盡頭在那，但總有一天孩子會睡過夜。雖然每個睡眠不足的夜晚那麼漫長，某天驀然回首，我們跟孩子都一覺到天亮了。

黑夜再長總會過去、隧道的盡頭是有光明的。就像《恆毅力》一書告訴我們的、像《哈利波特》告訴我們的，我們心中得抱持著希望、朝著還看不見的光明前進，不要因為懷疑或恐懼而

慢下來。就算要摸黑走路，腳步也不要停下來，這樣在破曉來
臨時，我們剛好也已走出隧道，能夠好好欣賞日出。

團結力量大！
求職路上的同伴

在美國找軟體工程師職位，最困難的部分就是面試考的「白板題」（whiteboarding）。為了準備面試中會考的資料結構、演算法題目，大家最常做的就是在 LeetCode 網站上刷考古題。這個概念就像是大家為了出國留學做準備，去練習 GRE、托福考古題。

投履歷一陣子之後，我發現我缺的不是面試機會（至少一個禮拜會有好幾位公司的招聘人員與我聯絡），但到了工程師考我即席寫程式解題能力的關卡時，我還是過不了。

即使練習 LeetCode，我還是覺得面試得很瓶頸。有時候好不容易過五關斬六將到了公司現場最後一關了，但白板題過不了就是過不了。因為我是半路出家自學寫程式，我也從未正式地學過資料結構、演算法這些概念，所以更加不確定自己到底是哪些地方知識不足或者觀念出問題。

一開始我上了 Udemy 的線上課程 Master the Coding Interview: Data Structures + Algorithms。其實這門課教得很好，但因為 Udemy 是自己控制進度的課程，我學得拖拖拉拉的。

這時我找到了 Outco 的課程。你可以把這個想成一個面試軟體工程師職位的補習班，專門教你資料結構、演算法以及幫你

LeetCode

Master the
Coding Interview

模擬面試、練習回答常出現的非技術性問題，如：請告訴我你如何克服人生中的一個大挑戰、請告訴我你曾經需要找人合作的經驗。這個課程總共五週，一週上四天，一天上三個小時。我選擇的是線上課程。

它的教學進度快得有點嚇人，今天上 linked list（連結串列），明天上 trees，後天上 graphs。雖然每天只有三小時的課，但那三小時中真的是滿到無法喘息。這個課程不便宜，要五千美金，但我覺得有它的價值。至少如果靠自學、沒有他人的督促，我沒有辦法在五週內把面試常考的資料結構學完。

Outco 把課程大綱整理得條理分明、把常考題的範圍整理得很完整，對我而言，有人幫忙整理出哪些東西是我需要學的就是 Outco 最大的價值，因為資料結構與演算法的世界無遠弗屆，我自己胡亂拼湊出來的知識拼圖永遠東缺一塊、西缺一塊。

這個課程對我而言最有幫助的另一個部分，是遇到了幾個目標相同的同學，我們常在課餘時間一起在線上 pair coding（配對一同寫程式），討論我們對於資料結構的理解、一起解題（就是每個人放一個白板在電腦前面用白板筆解題）。這個腦力激盪的過程對我幫助超級大！除了我們可以互相補足彼此不懂的部分，我也漸漸理解我解不出問題時，不一定是因為我比較笨

或什麼的，因為這些題目真的就是需要不斷地練習。同學中有些是當了好幾年的軟體工程師，都當到工程主管了，但為了面試，還是得練習刷題。

有一次我和幾位同學約在戶外解題。我們立了一面白板、一人一支白板筆討論，也是別有一番滋味呀！但因為我們住得離彼此交通時間一小時以上，我和同學實際見面的次數就僅那麼一次。

說實在的，我以前不太有跟別人一起討論功課、一起學習的經驗（就算坐在一起讀書，也是各讀各的），總覺得如果自己什麼都還不會，要跟別人討論什麼？

直到這時，我才懂得什麼叫做跟別人一起琢磨、研究、一起從零開始學習。我還蠻驚訝一件事，就是一群人在一起，就算一開始大家什麼都不懂，但真的可以因為腦力激盪讓大家一起學習成長。透過討論，我也發現我懂的比想像中多，像某天我就連續講解了 mergesort, quicksort 及 graph 的概念給別人聽，講完連我自己都訝異不已。

面試考驗的也是運氣！

2019 年的整個六月份，我都在上 Outco 的課程。然而 7/19 我就要飛回台灣參加弟弟的婚禮，待上兩週的時間。我將許多面試機會都安排在七月回台灣之前。想著只要認真面試不到三週的時間，到了 7/19 無論結果如何，我都能回台灣玩一趟、休息一下，我便有了勇氣和衝勁。

每次的面試之前，我都竭盡所能地準備。除了在電腦上練習寫程式外，也在筆記本上手寫程式碼、將程式碼盡可能烙印在腦海裡。因為面試大多要在白板上作答，我也在家中準備一塊白板在上面練板書。先生時常幫我模擬面試，我當成真的在面試一般，以英文與他對答，一邊說明我的思考邏輯及解題方法、一邊在白板上以清楚好懂的方式寫下答案。先生總是提醒我作答時要注意版面大小，不要寫一寫就把整個版面用光了。無論是哪一間公司，他們想要的不僅僅是一位會寫程式的機器，更是一位溝通技巧好、不管面對什麼難題都能和同事透過討論分析共同找出解決辦法的工程師。

每一次面試，我都既緊張又興奮。緊張的是面試機會非常難得，尤其是最後一關到公司現場面試的時候，那意味著我已經歷前面過五關斬六將的艱苦過程，如果敗在最後面試這關，那就是前功盡棄，跟其他公司的面試就又得從投履歷從零開始了。

所幸的是，我的個性一直是考試前會緊張，到了考試當天反而能夠平常心看待的人。我的理論是，到了考試當天，我已經很難改變什麼了，那就放輕鬆盡全力就好了。先生也時常以他獨特的方式為我加油打氣。

先生：「放平常心就好。」

我：「要怎麼放平常心？」

先生：「妳就想妳是為了蒐集小說題材而去面試，其實妳是個臥底。」

常聽人家說，有些作家為了能寫出真實的小說劇情，自己去體驗各種危險的職業，像是妓女。我也常常覺得人生如戲，而這一切跟帶孩子去台灣的 BabyBoss 職業體驗任意城又有什麼不同呢？

有的時候，我的想法有些阿 Q。當我覺得面試壓力大的時候，我就想著自己的本行是作家呀！當我寫不出東西的時候，我就想著至少我也是有賺錢的工程師。而當兩者都不行的時候，我就安慰自己是位媽媽，還有家庭。

許多我面試的公司地點都在舊金山。要進到舊金山，從我的住處要搭一個半小時的車，所以我其實很少進城。頻繁面試的這段期間，反而成了我「鄉下老鼠進城」的難得時光，也經歷一些有趣的事情。

有一次我早早出門，開車到十五分鐘外的地鐵站準備搭車進舊金山。結果我抵達車站、停好車，才發現自己臉上戴著有度數的太陽眼鏡，正常的眼鏡卻忘了帶。

我思考了一下有什麼方法可以不用回家拿眼鏡嗎？其實我很常忘記帶東西，但通常都有應變方法，例如忘記帶錢包可以用 Apple Pay，忘記帶手機充電線我曾到咖啡廳跟老闆借，忘記手機跟陌生人借……但我左思右想，覺得去面試看不見東西或從頭到尾戴著太陽眼鏡真的觀感太差，只好摸著鼻子開十五分鐘的路回家，取了眼鏡再重新出發一次。真是幸好我有自知之明提了很早出門，即使耽誤了半小時最後還是提早到了面試地點（但就只好跳過午餐因為沒時間吃）。

還有一次，也是進舊金山面試。這次我可是再三檢查有把眼鏡帶出門才開車出門去地鐵站。誰知抵達了地鐵站發現……

竟然沒有停車位！

那時真是晴天霹靂。因為我大多時候都開車，很少搭灣區可怕的 BART（地鐵系統），我真的沒有料想到顛峰時間會找不到停車位這個問題。雖然停車場有一半空著，但我全部不能停，因為那些車位是預留給有繳月租費的使用者。而那些剩下來我能夠停的位置全滿了，同時還有十台車左右跟著我一起繞場尋找那不存在的車位。

我想說停在對面麥當勞停車場好了，但當然麥當勞不是笨蛋，每個車位都寫著「只允許停三十分鐘，嚴禁 BART 地鐵使用者停放車子」。附近所有的車位也都再三強調如果是要搭 BART 的人亂停，車子一定拖走等等。美國的罰單價錢嚇人，我當然不敢冒險，就算是為了面試也不值得我吃下一張罰單。

我心想完了，不管怎麼樣我都無法十點鐘準時抵達舊金山面試地點。乾脆放棄回家？那時 8:40，我看了看 google map 預估直接開車到目的地的話是 9:40 抵達，但尖峰時刻開進市區豈是那麼容易的事情？絕對不可能真的 9:40 抵達，何況到了還要找車位耶！思考了一分鐘，決定還是賭一下直接開進城裡，立刻寫 email 告知面試官我會遲到至少十五分鐘。

決定開車進舊金山後我稍稍冷靜，心想如果到了他們不讓我面試，就當去城裡玩一天吧！才剛想完，我又晴天霹靂了！

油箱竟然只剩一格！我胡亂開到加油站加完油 Google map 預估抵達目的地的時間已經變成 9:50！

我一路開一路祈禱面試地點有停車位。如果沒有停車位我就真的完全沒戲了。看著 Google map 預估抵達時間在 9:50、9:51、9:49、9:52 之間來回懸宕，然後開在到處都塞得動彈不得的高速公路上，真的是有夠讓人緊張的。遇到每一個交流道出口我都思考是不是應該開到別的地鐵站去賭一下有沒有車位再從那個車站搭進城裡，但我跟自己說我既然已經決定直接開車進城就不要一直改變計畫了。

說也奇怪，那天的 Google map 預估時間的功能意外地準確，我真的是 9:50 抵達面試地點，然後真的讓我找到了路邊的停車位（而且還是那種不用投錢的神奇停車位，在停車費一小時可高達二十塊美金的舊金山我是第一次遇到）。最後停好車走進面試大樓簽到時，時間是十點整（就是原本面試訂定的時間），一分不差。

可見面試真的是一件很不容易的事情！除了考專業能力外，還要累積多年開車的技術，外加一些當機立斷的判斷力以及很多、很多的運氣。

然而要花上這麼久的車程才能到達面試地點。每當我搭上地鐵,我又想:如果真的錄取了,豈不是每天都要花三、四個小時通勤?

但我很快告訴自己,就算必須如此,我也願意。就算要我每天睡眠不足、在車上補眠,只要有人願意給我一個機會,我就會好好把握。

某方面來說,我很喜歡面試。面試是一個讓我整理過往人生的機會。從寫履歷開始,我便得重新複習一次過往的資歷,回憶起自己如何從台大土木系的學生跳到美國讀創意寫作,接著又到舊金山當科技寫作員,現在又憑什麼毛遂自薦當軟體工程師。

看似雜亂無章的過去,透過履歷的寫法、順序,必須讓它看起來像是一個有前因後果的故事。

蘋果創辦人賈伯斯説:「You can't connect the dots looking forward; you can only connect them looking backwards. So you have to trust that the dots will somehow connect in your future. You have to trust in something – your gut, destiny, life, karma, whatever. This approach has never let me down, and it has made all the difference in my life.（你無法預先把現在所發生的點點滴滴串聯起來，只有在未來回顧今日時，你才會明白這些點點滴滴是如何串在一起的。所以你現在必須相信，眼前現在發生的點點滴滴，將來多少都會連結在一起。你得去相信，相信直覺也好、命運也好、生命也好、或甚至是輪迴。如此相信著，事後證明都是對的，而這般相信對我人生有著絕對的影響力。）」

每一次找工作，就是一個讓我把過去的點點滴滴串連起來的機會。喜愛寫作、喜愛說故事的我，還蠻喜歡在面試中講自己的人生故事。

面試官也時常問一些有趣的問題，而在回答這些問題的過程中，我也覺得更加了解自己。

有一次面試，面試官問我：「誰是妳的 role model（榜樣、楷模）？」

我想了一下，有點猶豫地說：「我沒有真正想過這個問題，但我剛剛腦中直覺閃過我媽媽。」

面試官笑了一下，說：「太好了。每次別人都回答 Steve

Jobs、Elon Musk。」

我繼續說：「嗯。我在我媽媽身上學到的，就是女人是可以事業與家庭兼顧的，因為她就是如此。她在沒有犧牲家庭的狀況下，在自己的領域裡算是事業有成。我並不是說她很完美。相反地，她脾氣沒有很好、也有很多問題，可能因為她實在太忙了。我以前一天到晚跟她起衝突。她也從來沒有跟我討論過事業、家庭如何兼顧這種問題。但她的存在本身讓我看見了可能——事業家庭同時擁有，是的，這是可能的。」

第一份全職軟體工程師錄取書

收到工作錄取信的那天，我在台灣。那天是我弟弟的婚禮，我一起床打開 email 就看到工作合約了。他們要錄用我當 Software Engineer（軟體工程師）。比起他們開出的薪水，我更感動的是那個職稱。從我大一開始讀土木工程，我竟然繞了一圈到了三十三歲職稱中才有「工程師」三個字。曾經以為一切已經太晚了，曾經以為錯過了就是錯過了。但事實不然，我向自己證明了，人是可以走回頭路的。不要害怕做了某個選擇會後悔，因為就算之後要回頭，也還是來得及的！

我不敢太開心，因為我覺得還沒上任之前一切都還有變數。不過我還是允許自己為了一個小小的成就而感到驕傲，那就是我向自己證明了一件事：我是有 grit（恆毅力）的人。我一次又一次地含淚睡著，卻也一次又一次地在起床後回到電腦前繼續投履歷。我比自己想象中更堅韌、更打不死，而我真的能夠為這份堅韌的心感到高興，因為這是誰也拿不走、搶不走、偷不走的東西。如果某天我失去我擁有的一切，我會痛苦、會崩潰，但休息一會後，我想我還是會爬起來設法繼續走下去的。

我花了九個月自學寫程式、找到了軟體工程師的工作。能夠做到這件事，不是因為我特別地聰明，也不是因為我用了什麼特殊的方法或策略，甚至不是因為我特別的努力（我真的很多時間都花在胡思亂想上面）。我想，我的轉行之旅之所以沒有失

敗，是因為在每個讓我可能放棄的時間點我都決定去睡覺，而一覺醒來後，我便覺得沒有理由不繼續試下去。

有人說我在成為媽媽後、家裡有嬰兒的時候轉行很厲害，但其實就是因為當了媽媽我才學會了什麼叫做 grit，這也是全天下的父母都懂的一件事——你以為你沒有精神再餵奶、沒有辦法再一夜無眠、沒有力氣再用力一次將小孩生出來，但你永遠都還是有最後那一份力氣、再試最後一次。

不要為了過去的堅持
而錯過當下的美好

我很愛看〈深夜食堂〉這部劇。某天看了一集，講的是三位未婚女子的友誼。她們時常一同上食堂吃茶泡飯，討論男人。她們都有一定年紀了，但她們的理念是絕對不和現實妥協，若非「純愛」她們拒絕接受，也對相親、隨便找一個年紀很大的男人嫁了這種事嗤之以鼻。

但她們仍然一個接著一個和現實妥協了，相親的相親、和壞男人戀愛的戀愛。最後剩下一個女人來吃茶泡飯。她因為不能原諒朋友們背叛她們彼此間約定好要堅持的理想，因此也和朋友絕交了。

這位孤獨的女人向食堂老闆說了一句話：「我年紀愈大，好像愈對莫名其妙的事情有所堅持。」

老闆則回覆：「妳想得太複雜了。為何不能讓美好的事情單純的美好呢？如同這碗茶泡飯，它美好就是美好。」

看了那集很有感受呢！我覺得年紀愈大，並不是人生的可能性愈少，而是我們心中的「彈性」愈來愈小了。很多事情我們其實不清楚為何要一直照這樣走下去，只是因為都這樣這麼久了，如果改變的話，就像是跟自己承認過去的堅持是愚蠢、無意義的。所以繼續待在錯的人身邊、繼續堅持那些其實已經不

太認同的理念。

當初我拖了很久才轉行，也是這樣吧！覺得畢業後沒有選擇工程師這條路，現在又回頭，豈不是打自己的巴掌？我當然沒有想得那麼清楚，但潛意識裡就是這種感覺吧！因此怎樣也走不出迷霧。

食堂師父說得真好！讓美好的事情單純地美好就好了。某天發現自己喜歡工程，那就努力追求，不用回頭看了。某天突然覺得「相親也不錯」，那就去吧！不用管自己當初跟誰發過誓絕對不相親，因為除了你自己在意外，又有誰在意？

昨天厭惡的事情，今天喜歡了，那麼這件事在今天就是美好的，好好享受就是了。不要為了過去的堅持而錯過當下美好的一碗鮭魚茶泡飯。

Chapter 2.

小學四年級，
我從波多黎各來到台灣

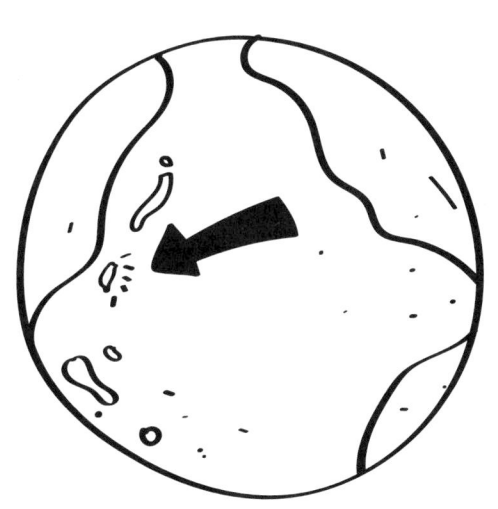

兩個文化的童年

第一章，我說了轉行成為工程師的故事。第二章，就要來講我人生另一個轉變的故事。我出生於波多黎各，小學四年級時搬到台灣。這也是我人生中第一個大轉變。

我的童年可以乾淨地一分為二：前半段，我生長於拉丁文化、說西班牙文的波多黎各，在那裡我是少數族群中的少數，因為我有著一張華人臉孔；後半段，我住在台灣，輕易地就能混在人群之中、與身旁人毫無迴異。但從前半段蛻變到後半段的過程，我經歷了很多痛苦與挫折，包含從零開始讀寫中文，以及和從小唯一所知的生長環境、玩伴們說再見，搬到世界的另一端。

這究竟是怎樣的一種成長體驗？一切，就從我的父母說起吧！

我的父母

我的父母都是台灣人。他們在大學時代移民美國的紐澤西州而後相戀、結婚。婚後，我爸爸憑著他冒險患難的精神，決定要到美屬地的波多黎各——一個位於加勒比海上、說西班牙文的小島——開中式餐館。我爸爸原本是一位會計師，但他認為人生還有一些什麼等著他，因此他想要自己做生意、自己創業。

我爸爸做出這個決定時，他和我媽住在夏威夷。我媽媽那時正就讀夏威夷大學語言學博士班。對於我爸爸的決定，我媽媽相當不以為然。波多黎各？那是哪裡？

雖然波多黎各是美國的屬地，但別說在 1980 年代時我媽沒聽過，即便是 2021 年的今天，許多土生土長的美國人對於這個講西班牙文的小島仍舊是一無所知。我曾經推薦一位友人趁著假期到波多黎各玩，跟他說那裡有海灘、有熱帶雨林、可以騎馬、又能體驗有歷史的西班牙式建築。這位朋友是道道地地的美國白人，他卻跟我說：「我得去更新護照才能出國，去那裡太麻煩了。」於是我跟他解釋，波多黎各隸屬於美國領土，到那裡算是美國國內旅行，完全不需要護照。

美國人對於這座小島的陌生，是因為波多黎各有著獨特的歷史背景。波多黎各在十九世紀以前由西班牙殖民四百多年。1898 年美西戰爭後，波多黎各歸屬於美國，但直到今日都不

隸屬美國五十州之一，而是和關島一樣，是一個使用美金、美國護照，居民卻無法參與總統投票的美國屬地。

地理上，波多黎各位於中美洲的加勒比海上，和古巴、牙買加、多明尼加在同一片海峽上。文化上，波多黎各說的是西班牙文，人民大多信奉天主教、依照拉丁文化習俗飲食、過生活。

所以對於我媽媽而言，要搬到這麼一個陌生的地方簡直是天方夜譚！我媽媽移民到美國，是百般不願意地被我外婆拖著舉家遷移，那時她沒有話語權與否定權，但至少當時的她讀的是台大外文系二年級，到了紐澤西她尚能靠語言天份與聰明才智生存。但搬到語言完全不通、文化一無所知的波多黎各重新開始？我爸是瘋了吧！

但最後他們還是搬去了。我媽媽在夏威夷取得博士學位後，我的父母便在波多黎各展開全新人生，在人生地不熟、當地居民幾乎一輩子沒見過亞洲臉孔的這座大小只有台灣的三分之一的小島上過日子。

我 的 出 生

我的父母搬到波多黎各不久後，我便出生了。出生時，我們一家住在一個波多黎各家庭的二樓當房客。

爸爸媽媽都不會講西班牙文，而我爸一去波多黎各就是要做很有野心的一檔事──將中華料理推廣給幾乎沒有見過亞洲餐廳、在路上看到黃皮膚臉孔會好奇地指指點點的當地居民。相對於美國本土的洛杉磯、舊金山、紐約這些華人人口多到有「中國城」、中式飯館多到彼此削價競爭的地區，1980 年代的波多黎各對我爸爸而言，就像一片尚未開發的藍海，閃閃發光等著他。

我不曾問過他們當時經歷了什麼樣的苦，但想必是不容易。我媽常說起她在醫院生我的情景：那時我的胎位不正，因此她是剖腹生產。她說醫生打完麻醉藥、下刀割下去時她仍能感覺冰冷的刀鋒，但因為她不知如何用西班牙文溝通這件事，也只能痛到大聲尖叫。

產後護士跟她說，若需要去廁所，需要幫忙攙扶到洗手間就叫她。但我媽媽尿意來的時候，躺在病床上卻怎麼也想不起西班牙文的「護士」怎麼說，因此也只能躺在床上乾著急，直到有人來巡房。

類似這樣生活中的無奈，想必是日日都得體會吧！

但我清楚地知道，比起美國本土，我媽媽更喜歡波多黎各。她說波多黎各人的拉丁文化是重人情味、有溫度的。即便我的父母是外地人、當地一個親人朋友都沒有、語言也不通，左鄰右舍總是按他們一貫的傳統關心身旁的人。我爸爸出門上班而我媽自己一人在家照顧我的時候，總有鄰居帶著食物過來噓寒問暖。我弟弟出生前，我外婆從台灣來幫忙，爸爸媽媽去醫院生產的時候，外婆和我單獨在家，等著他們回來。但望孫心切的外婆卻等不及了，於是一句西班牙文或英文都不會的外婆，牽著四歲的我去敲隔壁鄰居的門，透過比手畫腳，鄰居就把我們載到醫院探望弟弟了。

我出生的地方，就是這麼一個可愛的小島。

一張與眾不同的臉孔，
使我與文字結緣

我進入當地的小學時，還不會聽說西班牙文。

當時有一些親友問媽媽為何不把我送到講英文的學校，這樣對於媽媽自己也輕鬆，因為她能夠輕易地與學校老師、同學家長溝通。但媽媽的想法是，小孩學習能力很強，何況英文在世界各處都能學會，學習西班牙文卻是難得有這樣的環境。

我媽媽一貫教育子女的方式，都是相信著我們的潛能、相信我們能夠克服艱困的環境。因為她自己也是這樣一位勇敢接受挑戰的女人。

我進入小學的時候，我的父母已經搬到波多黎各六年了。那時候，我爸爸的餐廳事業已經經營得非常好！除了當初開的第一家中式餐廳，他後來又陸續與朋友開了日式餐廳、亞洲混合式餐廳等。因為當時知名的高級亞洲餐廳在波多黎各還不多，我爸爸的餐廳在當地也頗具名氣，朋友們總是這樣介紹我：

「你知道 Vanessa 的爸爸是誰嗎？他就是 Back Street Hong Kong 餐廳的老闆！」

我爸爸努力將事業做起來的那幾年，我媽媽對自己的理想、事業的堅持也絲毫沒有鬆懈。她一開始雖然完全不懂西班牙文，

但她還是到了當地的第一學府波多黎各大學找到了教職。一開始她以講師的身分教授商用英文，但憑著她的努力，最後她成了語言學學院的正式教職員，回到了她的專業所學。同時她也每天努力地學習西班牙文，因此跟當地人說話雖然不若英文流利，也溝通無礙了。

爸爸媽媽把我送到一間天主教私立女校。在波多黎各以及美國本土，許多學校是可以從幼稚園一路讀到十二年級，讀完直接接著大學唸的，而我讀的這間 Colegio Puertorriqueño de Niñas（CPN）也是這種形式，包含了從五到十八歲各年齡層的女孩。因為許多從 CPN 畢業的學生之後都成了社會上知名的人士或者與政商名流結婚，再加上這是一所歷史悠久的女子學校，因此學校便不成文地以「新娘養成班」聞名。

八十年的校史中，我是 CPN 收過的第一位亞洲學生。在我去上學的第一天，我就被投以非常多的異樣眼光，因為很多人是第一次看到亞洲面孔。同學們用胡亂發音而成的假想語言跟我說話，並且自以為他們在說中文。中午吃飯的時候，沒有人想要坐在我旁邊，因為我帶的是白飯和海苔，而沒有人想要跟「吃黑紙的人」當朋友。

這種狀況我們一家人時常碰到，但這個感覺卻依舊痛苦。雖然

波多黎各人是熱情的民族，許多人與你熟識後待你非常好，但事實是對於很多當地居民來說，我們一家人如同外星人一般，真的是太與眾不同了。對於涉世未深的孩童而言，他們更難以理解為何群眾中會有一個人長相那般突出：我的黃皮膚、黑眼珠、扁平的五官，真的是他們見所未見、連書上、電視上都沒有接觸過的。

飯後大家都到操場去玩了，我站在遠方觀望，既害怕被人看見我孤獨的身影，又期盼著有人邀請我加入他們的遊戲，但沒有人這麼做。我胡亂地逛著校園，一邊走一邊低著頭避開大家好奇的眼光，避開那些指著我、譏笑我黃皮膚、丹鳳眼的人們。我人生第一次感受到「羞恥」的滋味。大家都有朋友，而唯有我，是隻身一人。午休時間很長，而廣大的校園，竟沒有我一個五歲女孩的容身之處。

走著走著，我走進了圖書館。圖書館裡燈光是明亮的，圖書館員和我微笑，其他在看書的學生專心地沉浸在自己的世界裡，沒有一個人多看我一眼。我在書架上取出一本書，挑了一個座位開始看，看著看著便忘掉身邊的一切了。書架上有成千上萬的書本，每一本都是一個我可以逃進去的宇宙。從此，我再也不怕午休時間無處可去、沒人和我玩了。

這段往事，想起來心酸，但它卻奠定了我對於「寫作」的信仰。我很感激世界上所有的作者們，因為他們創造出一個又一個溫暖的避風港，讓五歲的我能夠減緩一些寂寞帶來的苦澀。〈冰與火之歌〉影集的最後一季中，侏儒提利昂對他的哥哥詹姆說：「如果不是你，我不可能活著走過我的童年。你是當時唯一一位不因為我的身高、長相而把我當成異類的人。」當時看到這一段，我只感到一陣鼻酸，因為我就是這樣看待書本、看待世界上的作者們——如果沒有他們，就沒有我。

在我青春期的時候，我也有過一段憂鬱的歲月。那時候我感到身邊沒有一個人懂我，也覺得日子過得悶悶不樂的。我不知道如果一直快樂不起來的話，活著有什麼意義嗎？那時支持我的，同樣也是書本。小說裡的角色很誠實，他們不像現實生活裡的人那般戴著偽裝的面具；我內心糾結成一團的感受，那些混亂到我連日記都不知道怎麼下筆、不敢面對的情緒，我在一個又一個角色身上看見。他們用精準的文字道出我內心的孤獨、恐懼、憤怒、悲傷，使我不禁燃起希望：這些角色都是作家寫出來的，那表示，我的這些感受並不獨特，有這些想法的我並不奇怪。

有時候我的部落格讀者會留言跟我說，他讀了我的文章後發現，「竟然有人跟我的想法那麼類似，原來不是只有我一個人

有這些感受」。看到這樣的留言，讓我覺得我的人生充滿了意義，因為這正是我一直想要做的事情——用我的文字陪伴他人，就像那麼多作家們的文字陪伴著我那般，我想要回報予其他的人。

「寫作」是我做人生所有事情最大的勇氣來源。很多人問我，我是如何鼓起勇氣辭掉原本的工作，像個不知天高地厚的傻子一樣，自學寫程式，要去挑戰轉換跑道當軟體工程師的？其實這也跟我喜愛寫作有關。

我從幼年就與文字結下深刻的緣分、友誼，而寫作是我一輩子的志向、是我人生終極的指南針。與此相較，當軟體工程師、轉行，這是為了賺錢活口或職涯上較短期的目標。因為我人生中有引導我的指南針，做其他的轉變時，便相對地能夠鼓起勇氣、坦然迎接。

經過那麼多年，文字依舊是我最溫暖的港口，我知道它永遠會在那裡陪著我，因此我可以放心地飛翔，放心地追求人生中所有其他我想做的事情。

與眾不同但快樂的童年

從出生開始到小學四年級我搬到了台灣，人生的頭八年我一直在波多黎各成長。我們一家人長得跟左鄰右舍、路上的行人非常不同，無論是去超市買菜、去銀行、去速食店吃飯，我永遠感覺得到他人好奇的目光，或甚至是大聲地指著我叫「你看！你看！那裡有個 Chinita 耶！」

Chinita 是西班牙文中「中國仔」的意思。但有時候我也被稱作「韓國仔」、「日本仔」、「越南仔」……至於台灣？沒有人聽過這個地方。

許多方面來說，這樣的與眾不同是很痛苦的。我渴望我們一家人能融入群眾，不受打擾地生活。但除了膚色帶來的一些困擾之外，我在波多黎各的童年大致上是很快樂的。

我有許多的玩伴，尤其是在我們所住的社區裡。波多黎各大部分的學校下午一、兩點就下課了，因此放學後的時間我大多在朋友家玩，也會邀請他們到家裡玩。有時候，社區中一大堆小朋友會聚在街上玩捉迷藏、鬼抓人。

我很喜歡到朋友家玩，藉此觀察其他人的家庭、生活模式。他們吃的東西、父母和小孩說話的方法、生活的習慣，所有種種都跟我們家很不一樣。我很喜歡被邀請留下來一起晚餐，因為

能吃到好吃的烤豬排、大豆飯、炸香蕉……有時候玩得開心，我也被邀請留下來過夜，甚至渡過一整個週末。因為朋友大都住得不遠，父母彼此間也常常溝通，因此我的爸爸媽媽也不擔憂，一通電話就決定了我當晚會在別人家過夜。至於沒有帶睡衣、牙刷怎麼辦？這也不成問題，因為每個家的家長都有許多備用寢具，就為了留給孩子們的玩伴。

跟著別人家的孩子與他們的父母出遊，我發現有些波多黎各父母相當尊重孩子的意見。好比説，有一次我和朋友一家人去遊樂場玩，朋友的爸爸在夾娃娃的機器裡抓了三隻恐龍玩偶，分別給了我朋友、她弟弟以及我。我拿到了一隻綠色的恐龍，但其實我比較想要朋友弟弟那隻紫色的。於是我説：「那隻紫色的給我，好嗎？」

我以為朋友父母會立即答應。畢竟在我家，客人永遠是最大的，怎麼可能不順從客人的請求呢？

但朋友的爸爸媽媽卻沒有因此讓我跟他們的兒子交換玩偶。他們跟我解釋弟弟最喜歡的顏色就是紫色，而且妳看他的皮夾、帽子、衣服都是紫色的，這足以證明他真的很喜歡紫色，所以紫色理應給他。

但在許多其他方面來說，朋友的家庭卻比我的管教嚴格。好比說，波多黎各人因為大多信奉天主教，他們星期天得上教堂、飯前要禱告；很多孩子被規定晚上八點甚至七點半就要上床睡覺，不像我們家的孩子晚上十點多了都還在玩。

朋友到我家玩的時候也感到很新鮮。有一次，一位鄰居小孩來敲門找我玩，但我正在看當時很紅的台灣電影〈新十二生肖〉，於是我叫朋友一起來看。那時網路還沒有普及，波多黎各也沒有中文電台可以看，因此台灣的親戚常常一次寄來大量的錄影帶讓我們家一飽眼福。雖然我在波多黎各長大，卻也跟著爸爸媽媽看了一些台灣的連續劇如〈青青河邊草〉，而我自己則是最愛看林小樓演的〈新桃太郎〉、〈新十二生肖〉還有林青霞的〈東方不敗〉。

我那位朋友也真的坐到沙發上陪我看完了〈新十二生肖〉。中間她問了非常多問題，但我都叫她看銀幕上中文字幕下面那排小小的、翻譯得不是很準確的英文。

之後這位朋友跟我說，那部電影害她連續做了一個禮拜的惡夢！

還有一位朋友，當時她的父母正在鬧離婚，小小年紀的她非常

擔憂。她看到我們客廳擺了三尊很大的木製佛像，便問我那是什麼。波多黎各大部分的人信奉天主教的聖母瑪利亞，我便跟她說那是東方的上帝，你祈求什麼跟祂說，祂就會幫你。

那時候的我頂多六、七歲，對於菩薩、觀世音和耶穌、聖母瑪利亞有什麼差別也不是非常懂。但每晚睡覺前媽媽都讓我們燒香、在菩薩面前磕頭，因此我就照我知道的講給朋友聽。

誰知朋友立即跪到菩薩面前說：「拜託祢幫幫我爸爸媽媽，別讓他們離婚吧！」

年幼的孩子擔心著父母的離異，這是一個令人心酸的畫面。但我也是透過這次體驗才第一次理解到「離婚」這件事。成長過程中，我們總是透過玩伴來認識這個世界。而我在波多黎各成長，讓我看到更多不同文化、型態的家庭，因此我看到的世界是非常多元而多采多姿的。

另一個印象深刻的回憶，是有一段時間，社區中幾乎每個小孩都得了水痘。因為水痘得過一次幾乎就終身免疫，而且童年時期得病症狀較輕微，因此家家戶戶的父母都要孩子去跟得了水痘的玩伴玩，希望藉此感染後一勞永逸。我的爸爸媽媽也不斷將我送到這些得了水痘的玩伴們家。我看到這些得了水痘的朋

友們身上長滿了紅腫的水泡，因為奇癢難耐他們大多會受到父母特殊的關注待遇，例如可以關在房間裡吹冷氣、吃東西。我也羨慕起來了，想像著自己得水痘後能得到尊榮享受，媽媽親力親為幫我擦止癢藥膏……

但奇怪的是即便我到了一家四個孩子都感染水痘的家庭，我依舊是沒有被感染！

八歲那一年，
我從波多黎各搬到了台灣

三年級的學期末，波多黎各的老師和同學們送了我一個禮物，是我最愛的「水滴娃娃」擺飾。我隱約理解這是一個說再見的禮物，因為媽媽說我們要搬到台灣了，似乎跟媽媽在台灣找到了嚮往已久的教職有關，但我心中還是不理解，這跟以前暑假去台灣玩有什麼差別？

抵達台灣的第一個晚上，我們住進一個已經裝潢好的家（我媽媽提早回去買好家具了）。打開電視，有林志穎的廣告。林志穎是我少數認得的台灣明星。廁所的衛生紙是那種很薄、很薄要很多張折在一起的面紙，不同於我習慣的捲筒式衛生紙。

隔幾天，媽媽帶我去國小註冊。我被分發到一個有 42 位同學的班級。班上的小朋友座位兩兩排在一起，這是我看過最擁擠的教室了（以前班上只有 14 個學生）。但大家異常地守規矩，沒有一個人在說話，大家都專注地看著老師。我首件要學會的事情是「起立」這兩個字的意思，就是該站起來了。雖然我會說中文，但「起立」二字對我來說還是滿艱澀的。「立正」和「敬禮」更是我做夢也沒有想過上課需要做的事情。

每一堂課我都很掙扎，因為我一個中文字也看不懂。哪門課該拿出那一本課本我都不知道，因為我看不懂課本上的標題呀！國語課最痛苦了，因為要朗讀，我根本無從得知大家在讀哪一

頁、哪一行、哪個字，只能嘴巴跟著胡亂開合假裝一番。更別說書法課了……讓目不識丁的人寫書法，真的是天大的笑話呀！

以前在波多黎各我都是負責教別人數學的，因此數學課考心算的時候，我以為我會沒問題。沒想到老師念完第一題的題目，我把題目抄完要開始計算的時候，老師已經唸到第十題要收卷了。於是我考了人生第一個零分。

某方面來説，這個掙扎跟當年在波多黎各上學還不會說西班牙文的時期有點像，但現在又更痛苦。小學四年級的同學們學的東西已有一定的艱澀程度，因此同樣是從零開始的我，要追上的程度變大了。

在學校我最害怕上廁所，因為我始終搞不懂如何用蹲式馬桶，姿勢沒喬好就會尿得亂七八糟噴得自己一身，十分狼狽。早上十點同學們會抬牛奶進教室，我很自然地跟著大家拿一瓶來喝，直到有人大叫「誰喝了我的巧克力牛奶」，我才知道原來牛奶要預定的，不是每個人都有。

某天半夜我在睡夢中哭泣。媽媽問我怎麼了。其實我也不知道自己在哭，但後來我跟她説上學很挫折，因為除了午餐時間吃

飯這件事情以外，我全部都搞不清楚狀況、跟不上。事實上就連午餐，因為我對於蒸飯箱的概念不熟悉，我也常常忘記蒸便當，到了中午才想起便當是冷的。媽媽到學校跟老師溝通一番後，我開始在國語課的時候去資源班上課，從小學一年級的課本、注音符號開始上。其他的課我還是跟著大家一起上，但老師們深入了解我的狀況後，開始對我比較通融，例如說寫作文的時候，我可以全篇用注音符號寫。抄課文別人要抄四段，我只要抄一段（但我還是花了一整個晚上才抄完一段話，因為每個字對我來說都是在畫一個小圖案）。

剛回去的那一年雖然有許多語言、文化學習上的辛苦，但甜蜜的回憶也不少。因為適逢秋天，我感受到台灣非常注重中秋節這個節日。自然課要觀察月亮；國語課要背誦跟秋天有關的新詩；電視上一直播放鄧麗君的〈月亮代表我的心〉；音樂課會學一些像〈母親像月亮一樣〉的歌。這一切對我而言都非常新鮮有趣，因為我在國外沒有體驗過中秋節，外國文學也不像中華文化那麼喜愛歌頌秋天的蟬鳴、月色。

我很享受台灣秋天的柚子和月餅，以及濃濃的中秋氛圍，但同時我非常想念萬聖節，因為往年每年我都會裝扮成各種角色在社區裡跟其他小孩一起要糖果，是一年一度的盛事；在台灣則完全沒有這個風氣。那年我媽媽還特地帶我和弟弟去台灣百貨

公司辦的要糖活動，但要了一下午的糖果我只拿到七顆。那個規模跟在國外家家戶戶都準備大把大把的糖、每個孩子幾乎能裝滿三個水桶的糖回家真的落差太大，所以我相當失望。

小學四年級是一個稍微懂事卻又還是相當天真的年紀，班上同學都對我非常友善，讓我覺得台灣的小孩真是太善良了。上學的第一天老師就安排我坐在一位綁兩條辮子的可愛女生旁邊。這位女同學自願要幫助我這位從國外回去目不識丁的新同學，而她除了幫我抄聯絡簿、告訴我什麼時候該起立坐下、幫我把課本翻到該翻的那一頁、教我做健康操以外，她還非常真誠地當我的朋友，逢年過節都親手做卡片給我、挑選禮物給我。一回去就遇到這樣的好朋友，我真的非常幸運。

四年級的我，心智上仍舊非常單純，而且剛到台灣的我可能還保有一些在國外凡事都要大聲說出來的習慣。有一次老師在教授男女間健康當朋友這個議題，她想要引導大家將「喜歡某某人」當成一件非常正常的心理現象。但就只有我傻傻地站起來在全班面前說我喜歡的男生就是×××。講完我沒有覺得不好意思，卻因此被老師安排坐到那位心儀的男生旁邊。換到那個座位我一樣得到無微不至的照顧，因為那位男同學不管德智體群美都非常優秀、科科都能罩我，就連社團活動課要下五子棋、圍棋，他也耐心地教我。

這個在我小學四年級時跨了半個地球的搬家，是我成長過程中影響我最深的事件之一。小小年紀的我其實不理解搬到台灣「定居」是什麼意思，我是過了好一陣子才慢慢意識到我們這次不是來台灣玩的，而我也不會回到波多黎各的家了。有好一陣子，我是很傷心的，因為我覺得我在這個人生大轉變中沒有任何選擇，甚至沒有心理準備。

那突如其來的轉變帶給我很大的衝擊，所以長大後，我一直渴望能過著穩定、沒有重大轉變的日子。我覺得人能夠窩在自己的「舒適圈」裡是一種幸福，因為跨出去必然要吃點苦頭。直到最近我才真正了解，我其實比自己想像中喜歡「改變」。跨出舒適圈雖然伴隨著許多「成長痛」，但我又何嘗不是享受著那每一次「很陡的成長曲線」、那種從無到有、高速成長的感覺？若我真是那麼討厭改變的人，我為何會一次又一次自願去日本、西班牙交換學生，從台灣搬到美國、從美國東岸搬到西岸、從原本土木工程的背景轉去讀小說創作，後來又從技術寫作員靠自學轉行成為矽谷的軟體工程師？而奠定我這種「跨出舒適圈」性格的起始點，不也就是小時候從波多黎各搬到台灣這件事嗎？活到這把年紀，人生繞一圈我才真正了解這件事情。

雖然小的時候我埋怨了很長一段日子，巴不得不需要經歷這些

改變，但現在我很感謝我媽媽，在我的人生中給了我許多機會讓我跨出舒適圈、在掙扎中成長。在別人懷疑她的孩子「一個中文字都不會怎麼跟得上」的時候，她就是堅信只要把我丟到那個環境裡，慢慢地我一定能跟上。這對於我往後的人生有很大的影響，因為我比較願意將自己投入一個我什麼都不會的環境裡。我知道就算一開始什麼都不會，只要好好掙扎一番，過一陣子就會了。就像我在資源班上了一年的國語課，但到了五年級，我已經完全跟上了其他同學的進度、上五年級的國語教材了。而若沒有經歷一開始的那種一無所知、連現在在上哪個科目都不知道的感覺，就沒有之後突然〈美少女戰士〉漫畫裡的字都看得懂了、甚至在小學六年級時作文刊上國語日報的快樂和成就感。

如果凡事都要等到「準備好了再做」，那人生將大大地錯過許多快速成長的潛能。這就是我對於「跨出舒適圈」這件事的體悟！

我的媽媽

某一次面試軟體工程師的職位，面試官問我「誰是妳的 role model ？」

我想了一下，有點猶豫地說：「我沒有真正想過這個問題，但我剛剛腦中直覺閃過我媽媽。」

我媽媽是影響我最深的一個人，所以我特別寫一篇文章介紹她。

我的媽媽不是「溫柔慈祥」的一個人，我也鮮少看她下廚。成長過程中我幾乎天天和她起爭執。但她也是我所認識的人中，最「真實」的一個人：她忠於自己、正義感十足、痛恨虛偽、敢愛敢恨。可以確定的是，我媽媽非常地不完美。但更可以確定的是，她是一位成功的媽媽，因為我相當崇拜她。

我不知道這世界上有幾位成年人，能夠打從心底地說，他以自己的父母為榮、向他們看齊？我隨著年紀增長慢慢領會的一件事——我不停地在內化從小到大媽媽灌輸給我的價值觀，但我並不介意這件事。事實上，我非常慶幸人生中有她給予的這套價值觀體系，讓我的生命中有航行的方針。

價值觀是什麼？在我的童年記憶裡，我媽媽不曾特地告訴我什

麼可以做、什麼不能做、什麼事情該如何做。（當然青少年時期就是另一回事，因為她對於我的門禁有非常多意見，但現在姑且不討論那件事。）在我小的時候，她從來沒有訂定過我一天能看幾小時的電視、能吃幾包糖這類的規定。她也不曾要求我要功課寫完才能開始玩，或者幾點要洗澡、幾點要睡覺。

因此我媽媽傳授給我的價值觀，大多是來自她的身教以及我觀察她的結果。

我的媽媽是一位大學教授，所以她對於「教育」特別有想法。好比說，她不讓我去補習。在台灣受教育，很少人能夠不踏進補習班。但我在求學過程中，從來沒有去過補習班。

我媽媽的理論是：「在學校專心學一次就好了，晚上去補習班的話只是讓妳白天不專心上課。」因為她的堅持，讓我發展出自己整理考試重點、自己尋求問題答案、自己安排學習進度的能力。

或許沒有去補習讓我在考試上損失了一些分數。但我卻因此得到了能夠自己摸索學習任何技能的能力。以人生長遠的角度來看，我很慶幸我擁有靠自己學習新技能的能力。

除此之外，我媽媽還不准我花太多時間讀學校的功課。我如果假日一整天都待在書桌前讀書，她也完全不會稱讚我認真，因為她認為這是沒有效率的行為、需要改進。

「兩小時就可以讀完的內容，妳為什麼要花一整天？」是她常說的話。「與其在書桌前發呆一整天，好好專心幾個小時，效果更好。」

我們時常抱怨時間不夠用，但通常當我們擁有無限的時間，只是會拿來無限地拖延。有的時候，時間少一點反而做事更有幹勁吧！長大後，尤其身為人母後我對這點特別有感悟。就是因為又要上班又要陪小孩又要做家事又要寫作，做事情才更有效率。

我媽媽讓我知道，「輸在起跑點」是沒有關係的。

她將讀書的責任交給我自己管理；雖然她很兇（尤其對於我們待人處世的方式更是嚴格要求，毫不馬虎），但鮮少在意我的考試分數，除非是非常明顯的退步。

在台灣社會，分數確實是重要的，這是社會的現實、我們現有的遊戲規則，所以沒有辦法。但就像人生不需要事事都過於

嚴肅，偶爾輕鬆面對考試分數，對於孩子的心理健康或許也有幫助。我印象很深刻的一個經驗，是在國中的時候，我們家突然決定在我考期中考期間去日本玩，這對我來說是很嚴重的事情——期中考那麼「神聖」，如何能夠缺席？但我的爸爸媽媽卻還是把我帶去日本旅遊，並且跟我的導師報備我玩回來再補考。

去完一趟日本，我獨自坐在空教室裡進行人生第一次的「補考」。根據學校補考規定，分數要打很大的折扣，所以我那次每個科目的分數都非常地難看。但我爸媽說沒有關係，人生的考試有一大堆，不用太在意。因為那次考得特別爛，到了下一次期中考我意外地得到了分數進步最多的「最佳進步獎」，這件事也變成我人生中一個「塞翁失馬焉知非福」的幽默插曲。長遠來看，我的父母讓我理解到考壞一次並不會怎麼樣、考試並非人生的全部。

換句話說，他們在一個要求完美的制度中，給了我不完美的空間，這對於我的自信心是有幫助的，也讓我能用更寬廣的視野看待人生：不執著在一次考試、一次的成敗。多年後我還會記得跟家人出去玩的美好回憶，卻不會記得考試的內容。因為不要求自己凡事要 100 分，所以我覺得 80 分、90 分的自己很棒，這也讓我更勇敢地去嘗試人生很多不同的挑戰、不斷跨

出舒適圈。

我媽媽還影響了我一個觀念，那就是她從不允許我替自己找偷懶、不努力的藉口。

在我初為人母那一年，我跟我媽媽說我在工作上感到很無聊、很想換工作。我也提到要同時帶孩子與上班很累，所以想辭掉工作「思考人生下一步」。

我以為我媽媽會同情我當職業婦女蠟燭兩頭燒的困境，叫我好好休息一下。誰知她的回應是這樣的：

「如果妳是男人、有養家的壓力，妳能夠說辭職就辭職嗎？無聊的話，就在職進修，去探索妳想學的東西吧！」

一位非裔美國籍網球選手 Arthur Ashe 說過一句話，「Racism is not an excuse to not do the best you can.（我們不能以別人的歧視為藉口，不盡力而為。）」

我媽媽一直以身教影響著我。確實，男女在職場上不平等。確實，職業婦女蠟燭兩頭燒很辛苦。確實，人生很不公平，有些人就是遭遇比較不幸的待遇。但永遠不要欺騙自己。永遠不要

替自己尋求不好好努力的藉口。我們騙得過全世界，但能騙得過自己嗎？

常常看到許多文章、書籍探討「教養」，而許多人也對這個議題很有興趣。大家都很害怕用錯方法，釀成孩子誤入歧途或者長成扶不起的阿斗。我在媽媽身上觀察到的另一件事就是，我們沒有必要當完美的父母。人都會犯錯，而我的爸爸媽媽在教養我們這件事上面也做過許多錯誤的決定，但最終的最終，他們還是獲得了我的贊同、我的崇拜，而我也算是長成了能為自我人生負責的一位成熟大人。為什麼呢？也許是因為，我媽媽從未放棄與我溝通，因此就算我們經歷再多的爭吵，我最終還是理解她非常愛我，才會花那麼多心力在我身上。也許是因為真正的教育不在於你跟你的孩子「說」什麼，而在於他們看到你「做」的一舉一動。也或許是媽媽在當別人的妻子、當兩位孩子的母親的同時，從未忘掉對自己的期許、從未忘掉她也有她個人的事業、個人的夢想要追求，因此她成了我人生中一個能夠依循的楷模。我除了因為她是我的媽媽而愛她之外，我也尊敬她這位獨立的個體。

至今往後，我還是一樣不會全然贊同我媽媽所有的想法、會繼續跟她有意見的出入。但我很感謝她，給了我一個人生的範本，一套價值的體系，讓我不需要從零建立起我的人生觀，讓

我在迷惘時總能回想起過去人生中的種種，想起「是的，我媽媽曾經這麼做過這件事。」

我，就是最好的我

《The Soul of Money》書中有一段話，大意是這樣的：「我們每天早上睜開眼的第一個念頭是『我還沒睡飽』；下一個念頭則是『我今天的時間不夠用』。在我們還沒有從床上坐起來、腳未著地之前，我們就已經感到落後、不足、失敗、欠缺。等到晚上睡覺時，我們的頭腦還拚命地想著一整天那些沒有完成、沒有做到的事情。睡夢中我們繼續被這些想法壓著，直到再次起床陷入無止盡『不足』的惡性循環中」。

不足感，是女人間會代代相傳的特質。

初為人母時的我，不但看見身邊朋友一個個陷入「事業家庭蠟燭兩頭燒」的痛苦之中，也在我自己身上，慢慢看見我母親當年的影子——這是一個什麼樣的影子呢？那就是英文常説的 mommy guilt，每一位媽媽都理解的一種「愧疚感」。換句話説，就是在為人母後，更深刻感受到自己無論怎麼做，似乎都不足夠。

這樣的心情，讓我回想起了一段陳年往事。

在我考上台大的那一年，我媽媽跟我説過一句話，我之所以記得很清楚，是因為我聽得一頭霧水。她説：「還好妳大學考得不錯，我真是鬆了一口氣。」

「什麼意思？」我不解地問。

「當初我執意把你們從國外帶回台灣，其實我很害怕，因為我不知道你們會發展得怎麼樣？會不會比妳那些留在國外的親戚差？但現在我可以說妳沒有輸別人，對於妳爸爸那邊的人，我也不用感到愧疚了。」

聽到我媽媽說這句話的時候，我是多麼地不可置信！我媽媽是什麼樣意氣風發、自信洋溢的女人，竟然會在意別人的想法？

回顧當年，從我小學四年級，媽媽帶著我和弟弟從波多黎各搬回台灣後，早已被問了幾百次、幾千次「為什麼要隻身帶著兩個孩子回台灣、跟先生分隔兩地？」而她哪一次不是自信滿滿地回答：「為了讓孩子學中文」？

除了面對外人的質疑，她更要面對不能適應台灣環境的我、數度哭著問她：「為什麼要把我帶到世界另一端？為什麼不能繼續跟爸爸住在波多黎各？」而她的反應總是很堅定，從來沒有一絲一毫透露出對自己決定的懷疑。也因此，我媽媽說的那句「我當初其實很害怕」，聽在年輕的我耳裡，總覺得很不誠懇。

直到近幾年，我才慢慢理解那句「我其實很害怕」背後的意思。

是的，身為一個大人、身為父母、身為一個可以替一家人做決定的人，是一件多麼可怕的事情！在媽媽自信的面紗下，是多少自我懷疑的時刻、多少的愧疚感？我想，我大概能體會媽媽當初的那種心情。

那種心情就是，當她微笑地跟別人說「我搬回台灣是為了讓孩子學中文」時，她其實很害怕別人怎麼評斷她這個母親、這個女人。會不會有人覺得她很任性，讓小孩斷失在國外成長的機會？會不會有人懷疑，她的婚姻究竟出了什麼問題，讓她要跟丈夫分兩個國家住？會不會有人把她貼上「事業女強人」的標籤，覺得她根本只是為了回台灣發展自己的事業，才做出這樣極端的選擇？

從人生經驗中，我愈來愈了解，我們每個人內心都存在著太多的不安及自我懷疑，以致我們總是害怕自己的「不足」。

職業婦女害怕自己比不上在家全心全意照顧孩子的全職媽媽，全職媽媽害怕自己在職業婦女面前矮了一截；年輕人害怕被長輩看穿他們的稚嫩，年長的人害怕被晚輩嫌棄落伍；生了孩子的人害怕展現自己走樣的身材，沒孩子的人害怕被質疑自己不生育的選擇。

世界上許多的惡言相向、互相攻擊，難道不都是因為害怕自己會被質疑、批評，所以要先發制人地去說他人的長短嗎？最可怕的是，這種對自身的不安，會一代一代傳承下去，讓我們每個人都覺得自己坐也不是、站也不是，怎麼做都不對。

其實我媽媽當初究竟為何把我們帶到台灣的原因並不重要，重要的是，那是她和我爸爸討論過後的決定。也許那個決定是對的，也許是錯的，但在當初那個時間點權衡之下，那是他們共同認可的一條路，那就足夠了。

用英文說就是，「I Am Enough.」翻成中文「我已足夠」或許仍不盡義。事實上，這句話的意思可以泛指 I am good enough（我夠好了）、I am beautiful enough（我夠美了）、I am smart enough（我夠聰明了）、I am hard-working enough（我夠努力工作了）……總之，可以涵蓋「我已盡力，而盡力的我就是最好的我」之意。

同樣的，我自己人生中的每一個選擇，也不需要跟別人解釋什麼，因為 I Am Enough。我，就是最好的我。

我是哪一國人？

大三的時候，我在東京當了一年的交換學生。某天，一位朋友氣沖沖地抱怨讓她很不甘心的一件事。

「老師每次都說我是『中國人』，明明講很多遍我是『台灣人』！」

她的不滿立即引起所有台灣留學生的共鳴，大家開始議論紛紛討論自己的「身分」多麼重要。只有我一人安靜地沒有出聲。我在想自己小時候真是個笨蛋。那時在波多黎各每每受到歧視，同學把眼角拉得細細長長地，用西班牙文嘲諷我是醜陋的「中國仔」，而我就只會一直哭，自卑地走路都不敢抬頭，還害怕到求媽媽讓我不要上學留在家。那時的我怎麼不知道義正辭嚴地回她們一句：

「我是『台灣人』，不是『中國人』！」

只是，當你是一個天主教學校開創八十年歷史中唯一出現過的那個亞裔學生，真的沒有人分得清楚或者在乎這兩者的差異。而當你明明跟全校上上下下所有人一樣土生土長於波多黎各時，你也不會急於辯解你的父母到底是台灣人、中國人、日本人、韓國人還是泰國人……因為不管你父母來自何方，你只想當一種人，就是跟大家一樣的「波多黎各人」。

住在波多黎各八年，盼望當一個「波多黎各人」盼了八年，但到我離開時他們還是叫我「中國仔」。在他們心目中，我的外表、我的血統遠比我的出生地、我說的語言、我接受的教育能夠決定我的身分。

四年級那年我永遠地離開了我的出生地。媽媽說她想家想了二十年，當外國人當了二十年，夠了！於是她排除眾議隻身帶著兒女回到台灣。一個女人毅然決然地把丈夫留在半個世界外，無非是希望她的孩子能夠在她認同的文化與價值觀中成長，或許也希望我能從「不中不西」的華僑第二代蛻變成道地的台灣人吧！

在我懵懵懂懂八歲的潛意識中，是不是也渴望從此脫離那種「中國仔」、「台灣人」、「波多黎各人」混亂的多重身分呢？可是才開學第一天，我就又被冠上了一個以前從來沒有過的身分：美國人。

「各位小朋友，這學期我們班有一個新同學，她是從美國來的。」老師是那樣介紹我的。

「美國人耶！美國人耶！Hi, my name is Jack.」熱情的台灣同學體貼地考慮到我可能聽不懂中文，要用英文跟我交談。

「我是從波多黎各來的。」我忙解釋道。

「蛤?」同學狐疑地皺著眉頭看看彼此,臉上的困惑,讓我想起波多黎各人聽到「台灣」時的神情。「那是哪裡?」

「那是美國的屬地⋯⋯」

「美國人!美國人!」

從此我就當起了美國人,當起了「英文很好的人」。但其實我一直為這樣的身分感到心虛與困惑。雖然波多黎各確實為美國領土,但無論語言、歷史或文化都跟美國人大相逕庭的波多黎各人,沒有幾個會用「美國人」這樣的身分介紹自己。

見到我這樣一個身分定義不明的小孩時,你猜大人最愛問的問題是什麼?

「你覺得自己是哪裡人?」

為了應付這個問題,我變得十分懂得察顏觀色。說難聽一點就是「見人說人話,見鬼說鬼話」,因為我也不知道我究竟是哪裡人!

在我想當波多黎各人時，別人稱我「中國仔」，但其實我父母都是從台灣過去的；在我以為我要變成台灣人時，別人又叫我「美國人」，更是讓我覺得自己好像是江湖上招搖撞騙、蒐集各式各樣頭銜之人。

王文珮：波多黎各人、中國仔、台灣人與美國人。

其實從小到大我只有想當一種人 —— 被同儕理所當然接納的「自己人」。但似乎當來當去，都是在當外國人。

有一次我認識了一個外交官的兒子，跟他交談令我十分愉悅，因為跟他比起來，我的身分認同問題根本是在無病呻吟。這個每兩三年就要舉家遷移、每兩三年就要換一個「拋棄式身分」的早熟男孩說了一句我一輩子忘不了的話：

「也沒什麼大不了的，就是一個『文化孤兒』嘛！」

聽完他一席話，我深深感到該對自己的處境知足。他甚至懶得再去思考自己是哪裡人，而我至少還可以充當一個假的美國人。

一個人的標籤被貼久了，是否本質也會改變？翻起兒時隨筆創

作的小說，故事主角竟是一些金髮碧眼，名為 Mary 或 John 的白種美國人。年幼的字跡用亂七八糟的英文寫些莫名其妙的美國校園故事，有種畫虎不成反類犬的滑稽感，看得我哭笑不得。莫非我被大家叫糊塗了，真把自己當成美國人不成？可是仔細回想五、六年級的自己會寫出那樣的東西也是其來有自。那時候的我若稱不上「文化孤兒」，可能也可以算是個「語言孤兒」吧！

剛到台灣的我，目不識丁不說，就連同學講的笑話也是聽不懂、笑不出來。就算笑話裡每個字我都搞懂了，我還是不覺得有哪裡好笑。而這種「台式幽默感」，我要到好多、好多年後才算是培養完整。要用中文寫個故事想也知道是不可能的。那用西班牙文呢？剛開始我確實用西班牙文寫了一陣子的日記，可是隨著日子一天一天過去，那個語言就一天一天地離我愈來愈遠，到後來寫每句話我都要問一次自己：「這樣寫對嗎？這樣寫錯嗎？」

西班牙文已經離開了我，中文又還不屬於我，我索性就認養了英文，或者說，讓英文認養了我。反正大家也是叫我「美國人」，反正大家有英文的問題也是跑來問我，反正滿架子的中文書我也是看不懂。於是我看起了英文小說，還開始用英文寫日記、用英文跟自己對話。久而久之我對美國文化好像也頗為認識，

久而久之主角的語言和想法也成了我的語言和想法，久而久之我甚至會覺得我對書中的美國比對現實的台灣還更為了解。

但這當然只是一個假象。那只是一個沒什麼歸屬感的孩子幻想著某個神祕的世界裡有一個「真實身分」等著她：就像哈利波特其實是巫師、醜小鴨其實是天鵝，我當然也有可能其實是美國人。

聽起來十分荒謬的想法，卻跟著我好多好多年，跟到我在早該長大的年紀時還相信著童話。一種迫切想發現自己「真實身分」的慾望讓我一逮到機會就要到別的國家看一看、住一住。「也許我其實是澳洲人喔！」「也許我其實是西班牙人喔！」一堆匪夷所思的念頭，只是想知道是不是有哪裡我能夠完全聽懂他們的笑話、完全認同他們的價值觀？於是我就像隻無頭蒼蠅那樣亂飛亂撞，撞得滿頭是包，也愈來愈懷疑自己究竟是不是外星人，不然為何哪裡都找不到家？但我還是繼續找。

原本我學著陳之藩說：「我，到處可以為家。」但我說起來竟一點也不瀟灑；處處為家即處處沒有家。不能體會媽媽對於夜市食物的熱衷，自然到哪裡吃什麼都可以；抓不到台灣電視節目的笑點，自然看什麼語言的節目都一樣。我認定不會有什麼讓我想念的，所以確實，我，到處可以為家。

可是在日本的某天夜裡，當我驚覺自己是那麼孤獨一個人在世界的某個角落時，我想起了在台灣的朋友。不管他們覺得我是哪一國人，他們對我一直是接受的，就像當初那位熱情地用有限的英文跟我交談的男孩。當我獨自吃著自己胡亂調配的義大利麵時，我想起了外婆煮的台灣料理。不管那是不是我認為最好吃的食物，那不正是「家」的味道嗎？

我輾轉難眠地想著在台灣多年來走過的大街小弄，落下了眼淚。我想起廟會前的七爺八爺，想起初二、十六店家前面燒的紙錢。不管是不是過度地迷信，那正是台灣人善良、謙虛、飲水思源的可愛之處。我想起逢年過節以及無時無刻台灣人送禮的習俗。那個原本最讓我感到彆扭又多餘的動作正是我最思念的台灣！因為如果可以，我真想買一堆禮物送給所有讓我思念的人！淚水一滴一滴灼熱地燒在臉頰上，我沒有試著壓抑它，反而害怕它會太快止住。但淚水沒有讓我失望，隨著一幕幕台灣的人事物像電影般在腦海中放映，我的枕頭、床單、棉被也一件件被沾溼了。

我知道自己終於有了身分，那身分不需要別人幫我貼標籤，只關乎我想念的人在哪裡。我的眼淚一直不停地流，夾雜著思鄉的痛苦，但更夾雜著思鄉的愉悅。

Chapter 3.

從土木工程到小說創作，
我的跨界思考

狹隘的視野，
限制了我做夢的空間

二十四歲以前的我是一個沒有夢想的人。在即將從台大土木研究所畢業時，我發現自己找不到人生的目標。一方面來說，我一直對寫作有熱忱，但眼看我即將變成一個土木工程師，我實在不知道未來的人生藍圖裡如何能容得下我當一位作家？我所認識的所有工程師生活都被工作排得滿滿地，但求不用加班，那裡還有閒情逸致寫作？

另一方面，我從高中開始便一直對工程師這個職業懷抱憧憬，才會選擇讀理組，但放眼望去我所有認識的前輩，那些在職場上做得成功、職位高的工程師，好像都對自己的工作沒有熱忱；我鮮少聽他們說喜歡他們的工作，大部分聽到的都是抱怨以及想要退休。再加上我的女性身分，前輩給我的建言多半是如何尋找一個安定、不用加班的職缺，才能兼顧工作和家庭。

才二十四歲的我，正是人生潛力無窮之時，但在我狹隘的視野中，我看見的人生風景是很灰暗的。我看見的是我的人生還沒有展開，就已經有許多人在面前警告我興趣不重要、理想不重要，能夠找到「錢多事少離家近」的工作最重要。我看到的是許多在職場上叱吒風雲的女性，因為工作太過忙碌不能得到家人的諒解，即使成功卻不快樂。那時候的我需要的是一位可以學習的榜樣──一位不但成功而且快樂的女性工程師兼作家，但我不懂得拓展自己的視野去尋找這樣的榜樣，而是選擇以非

常侷限、悲觀的視角來看待我的未來。

那時的我是一個沒有夢想的人，我生活的動力不是在前方拉著我的夢想，而是想要逃避掉入各種生活陷阱的恐懼。如果當時妳問我生活中最想要什麼，我會説找個有錢人結婚，每天悠閒地喝下午茶，因為在我有限的視野中，能夠想像到最棒的生活也就只有那樣。

所幸我還是替我的未來找到了出路，藉此也拓展了我的視野，那就是，我出國讀書了。透過多方的探索，我得知國外有一個專門教人寫小説的碩士學位，叫做 Master of Fine Arts degree in Creative Writing，就算非本科系的人也有可能申請得上，評鑑標準全依據妳的創作品質。

得知這件事我很興奮，但想到出國讀書昂貴的學費，以及讀一個藝術碩士出來後對於就業沒有幫助這件事，我又卻步了。那時候我每天都在網路上尋找這個科系的資料、看別人的經驗，發現有些科系有提供獎學金。而最後，我真的是靠認真創作的短篇小説申請到了理想的學校，也拿到系上助理的職位，讓我除了學費全免外還有一點生活費，以完成我的寫作之夢。我的碩士論文就是一個短篇小説集，這是我第一次學到世界上沒有不可能的事情——就算是讓學校付錢供養我寫作三年，這樣的

事情也是存在的。

我們認為不可能的事情，通常不是真的不可能，只是我們的視野範圍還看不見而已。

我再說一個視野限制做夢空間的故事。

我在美國有一個好朋友，生長在非常保守、家教嚴格的家庭。他們家一天的作息圍繞著嚴謹的宗教習俗，吃的東西也因為有許多禁忌只能在家準備，因此在上大學離家以前，我朋友從來沒有在外面的餐廳吃過飯。

在她總算體驗到家裡以外的食物後，才了解到世界上的食物種類原來那麼多元。這給了她勇氣第一次到電影院看電影。她從小在家是被禁止看電視的！終於遠離父母監視的她，決定從十年前的流行歌曲、電視劇開始看，拓展她對世界的認知，跟上身邊人聊天的話題，交友圈漸漸拓展。

她原本的世界只有家庭和宗教這兩個絕對不允許違背的真理，而她十八歲以前的生活圈裡，每個人也都是對家庭和宗教完全地尊崇；但隨著她的視野愈來愈寬廣，她發現了許多她以前根本不敢多想的事情，例如她父親雖然要她讀醫，但她其實喜歡

的是文學。

在她即將大學畢業時，她的父母像許多他們生活圈裡的父母一般，為她指定了一個她完全沒有見過的丈夫。在雙方父母的監督下，我的朋友及她被指定的丈夫完成了求婚、交換戒指儀式，開始籌辦半年後的婚禮。但我的朋友不愛那個男人，那個男人對她也沒有感情。朋友每天戴著戒指愁眉苦臉的。這時身邊的同學跟她說「妳一定得推掉這場婚姻，不然妳會後悔一輩子！」我的朋友掙扎了很久，畢竟父母之命、媒妁之言是她從小到大認定的唯一人生道路。如果抵抗她的父母，她會再也回不了家門，連從小一起長大的朋友們也會唾棄她。

但同時，她想到了世界上各個角落有那麼多人擁有自己選擇伴侶的權利，為什麼她不行？她愛她的家人及她生長的環境，但這時的她已不是原本那個以管窺天的她了。她知道世界比她想像中得大，她不需要一輩子依附著家人和宗教才能生存下去。最後她真的丟下了戒指，推掉了這檔婚姻！雖然她不能得到家人的諒解，但她從此獲得了選擇自己生活方式的自由。

我的朋友能夠這麼做，是因為她的新視野讓她看見了人生其他的可能、那些她以前不知道存在的可能。而這些可能帶給了她希望和勇氣去追尋自己想要的人生。

無知是一件可怕的事情，真正的無知，是連你錯過了什麼你都不知道。我們的人生的寬度，完全侷限於我們的視野，我們如何能夠去追尋那些我們根本不知道存在的事情？

在我生下小孩後，我學著我先生自學寫程式、轉行成為軟體工程師。能有勇氣做這樣的嘗試，不正是因為我在先生身上看見這是一件可能的事情嗎？二十四歲時我所尋覓的人生榜樣，我在矽谷找到了。這裡的人工作很辛苦，加班的程度也許不亞於亞洲城市，但我在這裡看見了什麼叫做「為夢想而活」。如果是為了自己喜歡的事情打拚，一天工作十二小時也不會覺得累。我先生雖然是男性，但他也能夠兼顧工作和家庭，因為軟體工程師的生活讓他有偶爾在家工作的彈性，他能抽空帶小孩去看醫生、提早下班接孩子；而同時，我看見他是喜愛他的工作、樂在其中的。這樣的人生，是二十四歲時的我，根本想像不到的。

「陽光之下沒有新鮮事」。我們可以想像得到的事情都有可能發生，但一個人的想像力通常受限於他的視野。唯有拓展自己的視野、增加自己的人生經驗，我們才有做夢的空間。

我如何下定決心去讀小說創作？
「雖千萬人吾往矣」

讀完台大土木工程碩士學位的我，決心攻讀另一個與我的理工背景全然無關的學位：小說創作碩士。

我身邊有非常多人勸我不要去讀小說創作。「讀這個學位出來要找什麼工作？」「妳要怎麼養活自己？」「為什麼不去讀博士，以後跟妳媽媽一樣當大學教授不是很好嗎？」

身邊的人難以理解我這不理性的決定，要放棄在台灣知名企業工作的機會，也放棄續讀土木工程博士班。

而我究竟是怎麼樣下定決心的？

我的部落格的一位讀者問了我一個與這個主題有關的問題：她說她看到我先生（他另經營自己的部落格：半路出家軟體工程師在矽谷）文章裡提及他大二時曾經因為在化學系成績很差、讀得挫折而想要轉系，但被我勸退。

這位來信的讀者自己是考慮轉系的大三生，她在很多其他的文章中看到別人會鼓勵大家勇敢做轉變，所以想理解我當初為何要勸退我先生轉系。

我就用自身的三個故事來回答這個問題。

第一個故事是我自己大二的時候也因為讀土木系讀得很挫折、找不到熱情而想要轉系。我跟我媽媽說我想轉外文系。我媽媽自己是外文系一直讀上去的，在她的領域中很有成就，後來是台大的語言學教授。但我媽媽也是勸退我，並反問我：「那妳讀外文系出來要幹嘛？」

我當時回答不出這個問題，只是覺得得不到家人的支持很生氣、彷彿沒有人理解我。但我也沒有繼續堅持這件事，後來就在原系讀到畢業了。

第二個故事是我在二十四歲的時候想要結婚，並且跟父母還有朋友們說。那時候我和先生都還在讀研究所，所以沒有人看好這件事。別說我父母不支持了，連朋友們都說再等幾年不行嗎？我那時候反問我爸媽說：「媽也是二十四歲就結婚呀！你們也是還在美國讀書的時候就結婚了呀！為何我不行？」我爸媽講了一堆理由，我聽一聽後覺得很委屈、得不到支持，但也輕易地被「勸退」了這個想法。

為何這兩件事我都那麼容易被勸退？追根究底的原因是我沒有什麼自己的想法。我在提出自己想要轉系、想要結婚的同時，我沒有認真思考要怎麼為這些選擇負責。我還在期待別人幫我做決定、為我的未來負責。我尋求他人意見的心態，追根究底

來說就是——希望他們支持我的改變，這樣如果之後我過得不幸福就不是我一個人的問題。但如果他們反對我轉系或現在結婚，那我想我就作罷吧！因為我沒有勇氣自己進行這些改變。

第三個故事，就是我決定到美國讀創意寫作碩士這件事。這一次，我做足了功課，知道我自己為何要去讀這個前景零的藝術科系，也知道畢業後大家的出路現實慘況是什麼。我知道我得找到有提供全額獎學金的學校去念，並且提前跟無數前輩通信、理解申請學校的方式、難度、未來工作選擇等。換句話說，做這個決定時，我已經做好準備為自己未來的各種後果——不管是好的或不好的——全權負責，因此世上也沒有人能夠勸退我了。

我先生大二時，我為何勸退他轉系？原因如同他文章裡所說的，我要他冷靜不要為了逃避而逃避。他那時候說要轉去歷史系、經濟系等，但他是真的對那些科系有興趣嗎？還是只是不想再翻開有機化學課本、不想考期中考？

我為何勸退他轉系並不重要，重要的是他很輕易地就被勸退這件事。那時候的他，就如同當時的我，並非真正準備好要做改變、為自己的改變負責。如果他真的下定決心要轉系，那別說是我勸那麼幾句話起不了效果，他的心境必然是「雖千萬人吾

往矣」。

我的一位朋友說「選擇聽話也是一種選擇」，我非常同意。在我這篇文章中的第一和第二個故事中，我就是選擇聽話，因為那時候的我還不敢長大，我選擇當一個孩子，享受被保護、別人替我做決定的福利。事實上，那時候的我看的人生風景還不夠、不足以讓我有為自己做決定的勇氣，所以有別人替我做決定，我是鬆一口氣、如釋重負的。人生沒有一個決定是絕對的對或錯的，唯一的差別是，你有辦法承擔後果嗎？

為什麼我媽媽可以二十四歲結婚而我不能？事後思考，那是因為我父母都是從十九歲開始在美國獨自生活，在超市、加油站、餐廳打工、打理生活中的一切、全權為自己的人生負責。因此，同樣是二十四歲的年紀，他們看的人生風景比我多、他們敢為自己的人生做決定，我卻不敢。

如何做出人生決定？或許，就從現在開始豐富自己的人生歷練，直到你培養出為自己的每個決定都能夠負責的擔當時，那你必然就能「雖千萬人吾往矣」。

台灣理組生闖入美國英文系

經過一整年的準備文件、申請學校，我總算如願以償地抵達了美國東岸的馬里蘭大學，展開未來三年在英文系攻讀創意寫作碩士學位的生活。

在未開學前，我天真地以為在碩士班期間，我只要完全創作、寫小說就好，不需要修一些「傳統」的文學課程。但開學第一週，我就發現我錯了。

我們每學期還是得選修一到兩門傳統的英國文學課，與系上其他英文系的碩士班、博士班學生一起修課。

我們課堂的形式大多是圍成一圈、如同開圓桌會議般地討論。這和我習慣的工程課程、有標準答案的數學、科學差很多。通常當課堂上某人丟出一個問題時，大家似乎沒有意願要給出一個特定的答案，反而是用更多的問題來回答這個問題本身。

第一週，某一堂課就給了回家作業：在下週上課前看完三分之一本俄羅斯作家杜斯妥也夫斯基的《卡拉馬助夫兄弟們》。也就是三週之內我們要看完那本七百多頁的小說。

我必須誠實地說，我至今還是不知道那本小說在說什麼。很多人崇尚俄國文學，但我還是沒有開竅。每次課堂上，文學博

士生滔滔不絕地提出他們對俄國文學的看法，更是引經據典將《卡拉馬助夫兄弟們》與其他著名的俄國文學做比較，或者搬出杜斯妥也夫斯基其他本書相互對應。但我連一本都沒有看完，真的是如鴨子聽雷一般。

幸好，我不是一位容易因為上課聽不懂、跟不上而緊張到寢食難安的人。畢竟我人生中已有太多次搞不清楚狀況、鴨子聽雷狀態的經驗。比起我小時候在波多黎各不會說西班牙文、或者剛回到台灣目不識丁的情況，或者到日本交換學生日文全部不懂相比，沒讀完杜斯妥也夫斯基的一本小說又算得了什麼？就算我不知道大家談論的那些作家是誰，但至少我英文沒有問題，大家說的句子我都懂！所以說真的，課程跟不上不是我最大的壓力來源。

但剛到馬里蘭生活的我，還是覺得日子好不習慣。研究所的許多課程排在晚上，上完課都九點多了。一開始我還沒有車子，我得先走一段十五分鐘的路去等公車，搭到我的公寓所在社區後，再走一段沒有什麼路燈、黑漆漆的路回家。

那時候的我白天要在系上打工賺取學費減免的優惠及生活費，到了九點多上完課的時候時常感到非常累。課堂中間休息時間我就趴在桌上小憩一會。某次下課後，我嘆了一口氣背著書

包想著漫長的回家路，沒想到班上一位身懷六甲的同學將我叫住，問我需不需要她載我回家。

「You look like you need a break.」她説。

雖然在此之前我們沒有聊過天，但就這樣，後來每個星期一九點多下課，這位懷孕挺著大肚子的同學就會載我回家。她開車送我到我家門口大約十分鐘，但如果我自己走去搭公車、下公車再摸黑走那段路就要差不多一小時的時間，因此我非常感激她。尤其她自己也是有孕在身，還看出我的困境、主動幫助我，讓我格外感動。有的時候，就是因為自己過得比較辛苦，我們才能理解他人的辛苦，才更具同理心。

我搭這位同學的車回家的那段時間，學到了一些美國文化。這位女同學是 Coast Guard（美國海岸防衛隊），我覺得帥呆了，因為我第一次認識女軍人。她說她懷孕並沒有身體不適，而且她打算上課到臨盆，生產完再直接回來上課。她戲稱自己是強壯的「生化人」。

因為認識了她，我理解到美國生活不易，因為對於「工具」的依賴度很高，對於「自主性」的要求也很高。例如說，如果不會開車或沒有車子的人，去哪裡都很不方便；或者說，若家裡

東西壞掉了卻不會自己修理，請維修人員來通常要等上幾天，也是筆蠻大的開銷。

後來我考到了美國駕照也買了車子以後，我時常主動接送沒有車子的朋友，因為我想起那段孕婦同學幫我解困的日子。雖然有時候並不順路我還是會主動幫忙，我甚至也到機場接送朋友，因為我知道若要叫計程車去機場、去買菜、去完成生活中大大小小的事，對於我們這些窮學生而言，真的是太大的負擔了。

雖然我開車技術不怎麼樣，但能夠幫助朋友們去買菜、上課、出去玩，讓我學到了彼此相互幫助的快樂。在馬里蘭讀碩士的期間，我深深地感受到朋友之間雖然大家擁有的都很少，但卻都非常願意跟身旁人分享。好比說，大家都沒有什麼錢，但只要有人在家裡開派對，一定會親自做出費工、美味又漂亮的食物和糕點請大家吃。好比說，朋友會為了來探望我，開一兩個小時的車來我家。

在美國當留學生的那三年，日子有辛苦的地方，卻每天都過得非常踏實，因為每天都能從事我最喜歡的事情——創作。

Just do it！
我在美國的第一份工作學到的事

在我剛到美國讀「小說創作」碩士的時候，我在英文系系辦當前台接電話、回覆學生email、處理學生文件的「櫃台小姐」。我以研究助理身分做這個工作，藉此減免所有學費及賺取生活費。這份工作我做得誠惶誠恐，因為那是我第一次在美國賺錢。雖然我的英文能力沒有問題，但我的同事、老闆以及服務的八百多位學生、一百多位教授，都是讀英文文學的學士、碩士、博士，我忽然對於自己說出來的每一個單字的發音、使用的文法都非常地焦慮，害怕自己說錯。而和我一起共事的同事們也不是都那麼地友善。

我們辦公室除了我及另一位櫃檯助理、兩位上司，就是擔任這辦公室裡最重要職務的五個人：Academic Advisors。Academic Advisors 在美國各個科系扮演著重要的角色，他們就像是台灣大學裡的「導師」，提供學生選課建議、幫助學生做未來職涯方向選擇、課程學業輔導等（例如幫助學生決定是否退選某一門課、轉系、出國當交換學生）。我們英文系的 Academic Advisors 大多由博士候選人擔任。雖然這些 Academic Advisors 跟我們擔任前台的碩士生們一樣是做研究助理，但某些人卻刻意地營造出無形的階級差別，令人有些難受。例如說，美國四月份有一個「秘書日」，而在那天，某位 Academic Advisor 就分別送了我們前台的人一盆盆栽。那時我其實沒有多想，但另一位前台助理（土生土長的白人）

立即微笑卻話鋒鋭利地説：「我才不是妳的私人秘書呢！」

但我們還真的像是那些博士生們的私人秘書，因為他們各有各的辦公室，當他們關起門來坐在裡面輔導學生的時候，我們要負責把學生檔案資料夾送到他們桌上，他們使用完畢我們再去取回來歸檔。

過了一年，和我一起共事的前台碩士生 S 説她找到了另一份可以提供獎學金的校園差事了。「因為這辦公室裡有些人待人態度不太好」，她直接了當地説。其實那時候我還不敢去想別人待我如何，只是覺得有錢領就不錯了，挑什麼呢？

接著 S 問我：「如果妳明年還要繼續在這辦公室工作，妳為何不要求當 Academic Advisor ？」

「我？」我訝異地問。「可是她們都是博士生呀！」

「那個誰誰誰就不是呀！」

確實，有一位 Academic Advisor 跟我一樣是 MFA program 的碩士生。但我一直在心中將她歸類為「特例」，因為她跟其中一位主管是好友，互相參加彼此婚禮的那種。

「我想他們不會同意吧！」我説。

S 笑笑地落下一句：「You don't know until you ask. The worst they can say is no.」（不問問看怎麼知道？最慘就是被拒絕而已。）

在整個環境裡都是土生土長、讀英文文學的美國人中，我處處感到自己能力不足、自卑。我大概是唯一一位不是以英文為母語的人吧，而且更慘的是，我在讀這個創意小説碩士之前，我是土木工程背景出生的，我對於十八世紀英國文學有哪些人物根本講不出來，我要怎麼輔導學生選課？在這種自我懷疑中，我「認份」地又在前台做了一年同樣的事情。

但在即將邁入碩士第三年的時候，我終於鼓足了勇氣和自信，問了我的主管我能不能當 Academic Advisor。其實我就只是走了兩步路到他辦公室前，問了這麼一句話，但這句話我花了兩年的時間才敢問。幾分鐘後他就寫 email 給我，説完全沒問題。一切就是那麼簡單。

當時我跟一位 Academic Advisor 在聊天中提到我即將也擁有自己的一間辦公室，開始輔導學生。這位 Academic Advisor 的反應十分激烈。她説：「噢是嗎？妳有面試這個

職位嗎？妳有通過嗎？他們有白紙黑字同意了嗎？」我説「有啊！」然後她就生氣地踏步回自己辦公室裡把門甩上。

事後回想，我一直遲遲不敢要求當 Academic Advisor 的原因，應該就是害怕像上述那位女博士生的反應。我知道在她心中，我連英文都沒有那麼標準、也沒有像她一樣花那麼多年鑽研英國文學甚至在高中教過書，憑什麼跟她一樣能夠輔導學生的學業？

但當後來我真的擁有了一間自己的辦公室，在牆上掛起自己喜歡的畫、從處理文書變成鼓勵學生們做自己想做的事情以及在沒事的時候能關起辦公室的門來振筆疾書寫小説的時候，我理解到別人覺得我夠不夠格、要不要歧視我這些根本都不重要。重要的是我因為問了一句話就得到了一份更好的工作、更好的生活。或許我本來在意這位博士生如何對待我，那是因為她擁有我想要卻得不到的東西，因此我認為她高高在上；但現在我和她平起平坐了，我便一點也不在乎她的想法了。

擋在我和我渴望的東西之間的，就只有我自己，其他都只是我給自己的藉口。是我自己阻擋了自己得到這更好的生活的機會，也只有我自己能夠跨過自己設下的心理障礙。

《下妻物語》是我很喜歡的一部電影。電影中有一句話：「當巨大的幸福來臨的時候，人們往往會變得膽怯。」許多人距離自己想要的東西就只差臨門一腳、就只等著你去敲那個門、寄出那封履歷，但這最後一步往往是最困難的。或許是因為都走那麼遠了吧！努力了那麼久，萬一最後希望還是落空怎麼辦？但如果你不跨出最後那一步、敲那個門、寄出那封履歷，你的希望就是 100% 落空。

「創作小説」和「找出興趣」，
如出一轍

讀小説創作這個藝術碩士，雖然未必像是讀工程碩士那般，能直接地為履歷加分、在職場上加薪，但理科生出身的我有了文學藝術的薰陶，讓我在思考許多事情的時候能夠觸類旁通，撞擊出以前沒有的想法。

好比説，身邊很多朋友都有一個疑問：「要怎麼找到自己的興趣？」我也為這個問題困擾了大半輩子。但我就由寫小説的過程悟出「找出自己的興趣」的方法。

《恆毅力》書裡有一句話：「I don't think most young people need encouragement to follow their passion. Most would do exactly that—in a heartbeat—if only they had a passion in the first place. (這世界上大部分的年輕人，應該不需要別人刻意鼓勵才會去追尋自己的夢想、熱情。大部分的人會毫不猶豫地追求內心的熱情，唯一的問題在於，大部分的人並沒有所謂的夢想。)」可見，這世界上大部分的人都為「找不出自己的 passion」而煩惱。

經過多年的探索，我對於「如何找出自己的興趣」歸納出一點自己的想法。這些想法不會每個人都認同，也不會適用於每一個人，但你可以參考看看。我想説的這個「找出興趣」的方式，其實就是我自己在寫作、寫小説的時候，讓文章從「萌生想法」

到「完稿結束」所使用的方法。這些方法，也是我在馬里蘭大學讀小說創作碩士的三年期間學到的，關於藝術產生的過程。

為什麼我覺得「找出興趣」的方法與「創作小說」的方法類似呢？因為這兩者都是一個從「極端不明確」走向「明確」的過程。

你有想過一本小說是怎麼誕生的嘛？作家們是不是某天靈光乍現、夜半遇見繆思，然後就清楚地知道每位角色的名字、每個章節的發展、高潮如何營造、結局如何收尾？是不是有了一個「突如其來的靈感」後，就能振筆疾書、不眠不休直到完稿？大概是有這樣的例子，但大部分的小說創作都不是如此直線的一個過程。事實上，大部分的作者在開始下筆的那一刻，他是完全不知道故事會何去何從的。也許作家只知道，他想寫一個喜歡戴黃色的帽子的角色。但這位戴黃帽的人做了什麼事？遇見什麼人？故事怎麼發展、怎麼結束？唯有一邊寫、不停地寫，作家才會慢慢了解自己想像出來的這個角色發生了什麼事以及故事的走向。

關於寫作的方法，有人說：「Start writing, no matter what. The water does not flow until the faucet is turned on.（什麼都別管，動筆吧！唯有水龍頭打開了才有

水流出來。）」

寫就對了。愈寫，就愈知道自己想寫什麼。

《恆毅力》這本書也說，唯有實際嘗試看看、實際做做看一件事情，才有可能明白自己到底有沒有興趣。我們不可能在還沒下筆之前就清楚故事每個章節的脈絡。任何事情在一開始的時候總是混亂、渾沌的。我們把所有亂七八糟的靈感、想法全部丟到一張空白的紙上，然後我們才有可能慢慢地從這些混亂的資訊中找出一些蛛絲馬跡：我想寫的故事到底是什麼？我理想的職業到底是什麼？

但對於這個「多方嘗試看看」的方法，許多人又會卻步。最大的問題癥結在於，許多人認為「嘗試」的時間成本太高。萬一嘗試了不喜歡呢？豈不是浪費了時間又要重新開始？會不會探索這個、探索那個最後花了三、四年，然後年紀都那麼大了……想了一大堆，最後無法跨出第一步。

那麼，你覺得一本小說從萌生想法到完結，需要多久的時間？史蒂芬金寫的《穹頂之下》（Under The Dome）這本書，是從 1976 年開始動筆的。寫了第一章之後，草稿被丟在一旁好多年，直到 1981 年他又寫了 500 頁，然後就碰壁了。

2007 年，史蒂芬金第三次拿起草稿、大幅修改，經過十五個月終於完稿。而難產三十三年、最後在 2009 年出版的 Under The Dome，老早就跟一開始故事的雛形大相逕庭，書名、角色、場景全部都不一樣了。世上大部分的小說都要歷經好多好多版本大刀闊斧的變動：作家寫完第一個版本後剪掉四分之三的內容、寫第二版時架構重新拼湊、寫第三版時視角轉換、寫第四版時更改主角的性別……這個過程異常混亂，因為藝術創作就是要在極高不確定性的狀態下前進。如果不下筆，一直停在「面對空白紙張發呆」階段，那個故事很難出來。

我並不是要說找出興趣或者完成一個藝術作品一定要花費三十三年之久。只是想說明，一本小說從無到有，從一開始的想法到最後的完稿，必定是一條崎嶇的道路，而這個過程中，我們一定得學會如何與「不確定性」共處。寫了好幾百頁、下了一堆苦工，最後砍掉重頭來過，這是非常正常的過程，也是作者、藝術家必須學會做的一件事。

史蒂芬金就說過：「When your story is ready for rewrite, cut it to the bone. Get rid of every ounce of excess fat. This is going to hurt; revising a story down to the bare essentials is always a little like murdering children, but it must be done. (當你寫的故事已抵達修改階段時，大刀

閣斧地刪減文字、砍到見骨吧。把所有多餘的『肥肉』都拿掉。這過程必然會痛；修改文字使之精煉、只剩精華有點像是在謀殺小孩，但這是必須的。）」

我想來想去，唯有以藝術創造的過程來說明找興趣的方法是最貼切的。這兩件事情都沒有標準答案，甚至連命題都沒有。在找到自己的興趣之前，你擁有的就是一塊空白的畫布，你要怎麼構圖、用什麼樣的材料作圖、要畫什麼主題、或甚至把畫布撕成一條一條的丟到火堆裡燒了……這一切主導權完全在你身上。我們一生之中，大部分的事情都是在幾個選項之間做選擇而已：要喝珍珠奶茶還是百香果綠茶？要去法國還是日本旅遊？考卷上填寫 A 還是 B ？但當你面對的是一個巨大的空白時，你要怎麼自己設計問題自己作答？你要怎麼從零走到你自己定義的那個一？

《恆毅力》一書提到，大部分找到職涯熱情（career passion）的人，都不是一開始接觸那個行業就立刻愛上它。作者舉例名廚 Marc Vetri 的故事。Marc 一開始就喜歡煮飯，但他更想當音樂家，於是他去讀音樂學校，然後晚上在餐廳打工賺錢。後來他去樂團演奏，變成白天在餐廳上班、晚上玩音樂。有一天 Marc 發現，「我煮菜賺不少錢，而且我也蠻喜歡做這件事的。我則沒有在音樂上賺什麼錢。」在某個因緣際會下他得到

了去義大利當廚師的機會，他便把握住了，從此他的 career passion 就由音樂變成烹飪。

我自己的職涯探索上也是經歷了有點類似的過程。我從小很喜歡數學、也很喜歡讀小說，於是我讀了土木工程的學士、碩士，後來又出國讀了小說創作。我曾經以為我這生最想做的事情是當全職小説家，要不顧一切為藝術犧牲所有物質慾望。但後來我發現當全職作家真的不是我想像中的那樣，因為每天必得忍受巨大的孤獨並且與藝術的高度不確定性奮鬥。我也曾當過技術寫作員，想說這能夠結合我在工程領域與寫作領域的專長。但真的做了幾年後，我才理解，我是喜歡工程和寫作，但技術寫作員這個工作內容無法滿足我想要「創作」的欲望，也無法滿足我喜歡「邏輯推理」的興趣。因此現在的我認為，我必須同時當工程師和作家，才是最快樂的。而寫作的型態，我也調整了，以前覺得一定要寫小說，現在覺得像這樣在網路上寫寫文章、能和讀者有即時的互動性、得到即時的回饋，更適合我的個性。

我職涯目標的調整少部分是出於現實考量，但也有很大一部分是真的發現這樣做我更快樂（我現在是軟體工程師／業餘作家）。而這就是我一生想要永遠繼續走的職涯路線嗎？其實或許還會改，但沒有關係，因為我走愈多條路、探索愈多事情，

我就愈加了解什麼是真正適合自己的。我不會去後悔之前走過的「冤枉路」，也不會去想「要是早點讀軟體工程就好了」，因為那些都不是冤枉路。沒有這個探索過程，我如何能確定自己喜歡什麼？

或許有人覺得，應該要先「想清楚」自己喜歡什麼，再開始去嘗試，這樣才不會浪費時間。我們都很急，很想要快點找出答案，才好啟程去轉行、去讀八年的醫學院、去申請學校……怎麼可能在「找出興趣」這個環節上就要花那麼多時間呢？

我今天分享的，就是以「藝術創造」的過程來類比「找出興趣」的方法。這兩者都是沒有標準答案的過程，也都是從無到有、從不明確到明確的過程。你必須得擁抱生命中的不確定性、靠著一邊嘗試、一邊摸索，才能夠找到你想要的答案。你不一定要同意我的說法，但你可以參考看看。

畢業後，
我教美國學生如何寫作、寫履歷

我從創意寫作碩士班畢業後，在英文系留下來當講師，教馬里蘭大學的一門大三必修課：技術寫作。我在課堂上教了許多美國的大學生如何寫 Resume。好幾位學生跟我說，我上課教的技巧幫助他們找到第一份實習或正職工作。我也曾經做過專門幫人修改履歷的服務。

這篇文章，我就來傳授我教學期間教學相長學到的寫履歷重點。我覺得只要抓住以下四個重點，人人都可以自己把履歷修改得亮眼。

以下我說的，只針對在美國求職用的 Resume。那麼，我們就來看如何寫出亮眼的 Resume 吧！

1. 履歷有很多種。先搞清楚，你要寫的是哪種履歷？

不論是 Curriculum Vitae（CV） 或 Resume，中文都翻「履歷」，但你知道這兩者完全不同嗎？

其實就算是英文為母語的人，也不見得知道這兩者的差別。但 CV 一般用於學術界或者歐洲國家，而 Resume 則是通用於美國業界。CV 可以有很多很多頁，因為你會在 CV 中列舉所有做過的工作，包含已發表的學術文章等等。你可以用同一份

CV 申請各種不同的工作，因為 CV 涵蓋了你所有有過的經歷（所以 CV 會隨著年資愈寫愈長）。

但在美國申請業界工作，通常要的是 Resume。Resume 是專門針對你眼前要申請的那份工作量身打造的文件，通常只需要一頁。

你會説，一頁怎麼夠呢？！那我就來舉個例：假設你過去當過業務員也當過賽車手，但你現在要申請一份保姆的工作。你的 resume 該列些什麼？

- ~~開車速度可以飆到 300 mph~~
- 以業務員身分耐心地聆聽客戶需求
- 勤練開車技術，精益求精、專心一意，打破個人紀錄 200%
- ~~在一週內銷售逾一百萬的營業額~~

以上四點都是很驚人的經歷，但我把第一點和第四點畫掉了，因為這兩個技能跟你能不能當一位好的保姆無關，所以沒有必要列在這份 Resume 上。

2. 履歷要修到多完美再寄出去？答案：看情況。

某一次我到一間公司面試一份技術寫作員的工作。面試官一邊看著我的 Resume 一邊說：「這份履歷寫得真好！所有的逗號、句號、分號，都用得很正確。我很少看到這麼注重文法措辭的履歷」。

以上這個情境發生的機率非常的低。面試官之所以把我的履歷看得那麼仔細，跟我申請的工作性質也有關，因為技術寫作員就是要寫作、編輯。大部分的時候，沒有人有時間好好閱讀你的履歷，Recruiter 頂多瞄一眼，怎麼可能細看標點符號呢？

所以說，履歷是否要修到完美無缺才寄出？那你就要衡量你找工作的策略，究竟是要重質還是重量？質量比要怎麼分配？這個答案只有你自己知道，因為跟你要申請的工作性質也有關係。

例如說我在申請軟體工程師的工作時，我就是採取以量取勝的策略。我知道大家對於軟體工程師的書寫能力要求沒有那麼高，因此我寧可把時間花來一天多投幾份工作。

我絕對不是說履歷可以草率地寫。有些人的履歷連自己的名

字、前公司的名字都拼錯，那是萬萬不可的。但我也看過有人每寄出一份履歷都要花三小時，那真的也太沒有效率了。

3. 請不要列舉每日例行公事；請用精準的文字、數字描述你的豐功偉業。

回到剛剛那個申請保姆工作的例子，你認為用以下這種方式描述上一份工作做過的事情好嗎？

● 幫小孩洗澡、餵奶、換尿布
● 幫忙家長洗奶瓶、洗衣服、洗碗
● 訓練小孩上廁所、戒奶嘴、自己吃飯

看起來好像很合理的敘述方式，這個人也確實餵奶、換尿布、幫小孩洗澡該會的都會了，有什麼問題嗎？

問題在於，有哪一位照顧過小孩的人不會幫小孩換尿布？有哪一位保姆不會餵奶？這些敘述，真的能讓你從其他申請這份工作的競爭者中脫穎而出嗎？

再說「訓練小孩上廁所、戒奶嘴、自己吃飯」這句話——有訓練就代表有成效嗎？最後小孩究竟學會自己上廁所了沒？花了

多久的時間才學會？學會後是真的從此都會自己脫褲子、自己去廁所、自己擦屁股、自己沖水嘛？還是其實還是要爸媽站在旁邊陪著才可以？

在寫 Resume 時，記住你是在寫一份文宣。像賣一台車一樣把你自己賣出去。買家並不稀罕一台車有四個輪子一個方向盤、能發動、有附兩刷——所有的車子都具備這些功能。真的會讓買家掏出錢包買一台車的廣告台詞，是要有點聳動的。四輪驅動、每公升油可以跑 × 里路、2019 年最受歡迎的家庭車款、終身保固⋯⋯等等。這些敘述當然要基於事實，但隱惡揚善、怎麼呈現也同等重要。如果是申請一份保姆的工作，我的 Resume 會這樣寫：

● 成功在兩週內幫 20 個月大的孩子戒尿布。30 天內，孩子能自行獨立脫褲子、找廁所、擦屁股、沖水、洗手。

● 主動完成雇主要求以外的事項，例如幫忙倒垃圾、打掃；100% 的雇主將我推薦給親朋好友。

● 曾自己一人同時照顧三位一歲以下的嬰兒六個月的時間；三位孩子在我的細心看護下，身高和體重都在同齡孩子中的80% 以上，而且從來沒有過紅屁股。

4.履歷是面試的一環。你的目的就是把自己當成一個商品推銷出去。

最後我想說的，就是履歷是面試的一環，而面試、找工作，雖然有一個「試」字，其實不算是一個考試，更像是一個銷售自我的場合。性能最好的車未必賣得好，老舊、有問題的車也未必賣不出去，因為還有很多因素在其中，例如買家跟銷售員是否相談愉快？行銷組是如何為這台車下標語、打廣告？

履歷就是你的伸展舞台，把自己最好的那一面秀出來吧！

工程師／作家的斜槓人生

擁有工程以及文學藝術兩種截然不同的背景，為我的人生、我思考方式的廣度開啟了許多道門。很多時候，我會在科技領域應用我寫作上學到的東西，或者在寫作領域應用我的科學分析能力。「將兩個看似不同的東西放在一起看」，成了我很喜歡的一種生活方式，也時常因為這樣，我能夠 think outside the box（跳脫框架思考）。

好比說，我發現寫文章和寫程式語言，真的有很多相通的道理。世界上所有的事物都是一脈相承的。同一個道理，放到很多不同的地方都有異曲同工之處。

從創意寫作碩士班畢業後，我在馬里蘭大學當講師。當時我要求學生看一本在我心目中是關於「寫作」最棒的一本書，叫做《On Writing Well》。

這本書的一個重點，就是寫作時要用力地砍掉贅字。舉個例子來說「a tall skyscraper（很高的高樓大廈）」這個片語中，tall 就是多餘的，因為高樓大廈不可能是矮的。同理，電視上常聽到諸如「進行確認的動作」這種中文，其實用「確認」二字表示就可以了，其他都是贅字。

我跟學生說，寫作要盡可能達到 simple，不要寫又臭又長的

句子。我讓學生們在課堂上分組練習把一段冗長、囉嗦的文字改到簡潔有力。

有學生反駁我的說法。「為什麼要寫 simple 的句子？是設定讀者是白癡，所以故意用很簡單的詞彙、句型，怕他們看不懂嗎？」

想了一下，我發現我用 simple 這個字確實容易引起誤會。

「我指的 simple，是指 elegant（高雅）。寫作要盡可能達到優雅，而優雅的文字，常常就是讀起來最簡潔、清爽的句子。」

透過課堂練習，學生們發現，十個句子的段落其實用六句話就能表達相同的意思。有二十個單字的句子，又能再砍掉五、六個贅字，使得句子更好懂、更有力。當然刪贅字並不是畫掉多餘的字詞那麼簡單的一件事，而是認真地去思考：整段話想要表達的到底是什麼？從而重新架構思路，以更優雅的方式呈現文字。這個「砍字」過程包含了尋找更精準的詞彙、使用更生動的動詞、將一些被動句型改成主動句等等。當然也要適可而止，如果只是「為了刪字而刪字」，把原本的文章改到沒有人看得懂，自然也是不行的。

幾年後，在我成功轉行成為軟體工程師後，我在工作上開始使用一個工具稱作 React Hooks。React 是一個寫程式的框架，而其中的 React Hooks 則是這個 React 團隊於 2018 年推出的程式語言語法更新版本，用以改善、擴展原本語法的限制。React Hooks 的寫法變得比以前更優雅、簡潔、並且架構扁平好閱讀。

常聽人説，最厲害的工程師，能將一百行的 code 用十行寫出來，而且程式還跑得更快、更有效率。寫 code 追求的簡潔、有效率，自然讓我聯想到寫作時我追求的 elegance。這種簡潔、素雅的境界是我非常喜歡的，因為即使在生活中，我也是個崇尚化繁為簡的人，例如説，書本如果能在圖書館借到我就盡量不買，這樣看完把書還回去後，家裡也不會多一樣東西。

寫 code 與寫作有許多相通的道理，但有一個地方很不同，是我仍然在習慣、學習的。寫作時，我是唯一的作者，我只要考慮我的讀者能否看得懂、喜歡我寫的就好了。相對的，寫 code 時，我一方面是寫給電腦看的、要用電腦看得懂、容易執行的方式呈現；另一方面，我也是寫給別的工程師看的，而且這些工程師還是我的「共同作者」，我必須顧慮到如何寫 code 才能讓他人容易懂也方便共同創作。

最後來說一下我觀察到的「程式語言」與「人類語言」之間的差異。

身為軟體工程師比較辛苦的一件事就是必須終身學習，因為技術分分秒秒都在改變，不跟上潮流就會被淘汰。但最近使用 React Hooks 讓我發現，程式語言不斷演化是一件美妙的事情，我應當用欣賞的角度來看待科技的日新月異，畢竟這新的語法幫助我達到更為優雅、簡潔的 code。身為一位作家，我自然是很喜歡「語言」的一個人，但跟電腦程式語言相比，人類語言的演化就沒有辦法那麼有「目的性」地朝著更簡潔、有效率的方向前進。好比說英文這個語言，有許多單字的拼法非常不直覺（試想 island 這個字），也有許多人提議把所有單字的拼法一起改一改變成怎麼發音就怎麼寫吧！但人類的語言要重新定義就沒那麼簡單了，許多單字的拼法、句型、口頭用語也就積非成是，只能繼續沿用下去。

當然，人類語言的有趣之處，就在於它有它自己的生命，是「不受控」、也沒有所謂的「對錯」；只要一群人用約定成俗的方式互相溝通，久了那就發展成一套有自己的邏輯和規則的語言。這和人工定義的程式語言，既有相似之處、卻又截然不同。

用人文方法解程式的 bug

身為一位文科生兼理組生，我解決工作問題的方法也時常左右腦並行，試圖用不同方法思考問題。

有一次我解一個 bug 非常沒有頭緒，因為檔案非常大，實在不知道問題從哪一行開始出現，我感嘆「上次動這個檔案的人到底是誰呀！」我先生說「妳沒用過 git blame 嗎？」從此我就愛上這個功能。

Git blame 可以輕易找出每一行 code 是哪一天幾點幾分哪個人寫進去的。現在每當我 debug 卡住，我就會去看最近一次被加進去的 code 是哪一行，十有八九罪魁禍首就是那行 code。這個功能真的是解救了我。

對我來說，blame 這個功能就像是給了冰冷的命案現場一個生動的背景故事。就像福爾摩斯看到一具屍體、幾個指紋、一個碎掉的花瓶，就可以慢慢想像出這個案件背後牽扯的七情六慾；沉靜死板的命案現場通常背後有非常激情的人物情感。

很多時候我對於如何解 bug 沒什麼概念，因為每行 code 看起來都差不多。但「人」卻是有跡可循的。當我知道哪一行 code 是哪個人寫的之後，我通常就會有一點靈感，知道問題可能出在哪裡。很有趣的是，相處久了你就會看出每位軟體工

程師寫程式有他們獨特的風格，每個人有每個人特別擅長的地方以及習慣性的盲點。

這讓我想到每次去玩密室逃脫，我破關的方法通常都不是靠現場的物件線索，而是靠場內的關主。關主通常會讓玩家問三個問題，但我發現只要觀察關主回答問題的方法，都能得到超過三個線索。這是因為「人」是活的，是有感情和個性的，他們只要開口就處處有破綻。

我的媽媽是語言學家，她的專長包含「語境」，也就是同樣一句話放在不同情境裡頭，意思就完全不一樣了。好比說，「真的嗎」這樣簡單一句話，隨著說話的人的身分、他對誰說、兩人關係如何、在什麼樣的場景說出這句話，意思可以是好奇的、不屑的、中立的、戲謔的、輕浮的……太多解讀方法。而「前後文」通常就是幫助我們推敲這句話真正意思的方法。程式語言的目的不是要傳達情緒，所以很多時候看起來就像天書一樣，只是一堆冰冷的邏輯指令。但用 git blame 提醒我再冰冷的語言都是人寫的，每一行 code 都還是有一段故事、參雜了每個人的個人色彩。

Blame 這名字取得實在不好聽，顧名思義就是找出問題該怪罪到誰身上。但卻非常生動就是了。最近科技界許多常用

專有名詞都被拿出來檢討，例如所謂的 slave ∕ master、blacklist ∕ whitelist 都被撻伐。也許 blame 哪天也會被改掉吧！

想學習寫程式但英文不好，
怎麼辦？

有位讀者表示，很多學寫程式的教材、網上資源都是英文的，又要學寫程式又要學英文，該怎麼辦？那我就來分享一下我學日文的經驗好了。

為什麼要以學日文舉例？因為不管是學英文或學寫程式，都是在學語言，所以原理很類似。學任何語言，最重要的就是要常用。沒有使用的話，立刻就會忘記。

我大三的時候去東京當一年的交換學生。去之前我上過兩學期的日文，連五十音都背不太起來。一年後從日本回台灣，我考過了日文檢定最高級的一級證書。

聽起來好像有點厲害？但重點是，我現在日文爛透了。幾年前去日本玩，在一家女僕咖啡廳裡我連結帳都有點問題。為什麼呢？因為離開日本、考完一級檢定後我就沒什麼接觸日文了。我喜歡日本但不算哈日族，沒有特別追日劇、看漫畫、打電動，所以久而久之很自然地語言能力就急轉直下。

但我在日本的那一年中，為何日文可以進步那麼快？因為我有很大的動力學習。日本人不太說英文，所以不會講日文真的就是啞巴。為了學日文，我在那一年中看了很多日劇，甚至買了日文原文偵探小說來看。小說劇情我大概只看懂六成（所以至

今我還是不大理解那場兇殺案怎麼解出來的……）但至少我大致上猜出了大部分劇情。那時候最新一本哈利波特出爐，我特地買日文版的，因為我知道我會為了看小說而看好幾百頁的日文。

為了學日文，我看了日文版的哈利波特小說；也為了看哈利波特小說，我學了日文。

那段時間我也常聽說世界各地的小朋友為了看哈利波特而學習英文：無論是巴西的孩子、法國的孩子、智利的孩子……為了能更快看到還沒翻譯成自己國家語言的小說內容，大家都學英文了，成了一股風潮。

講這個例子，是因為學寫 code 與學英文，不見得是兩件分開而需要兩倍功夫的差事。事實上，這正是最好的機會，讓你「為了學寫 code 而學英文，也為了學英文而接觸英文的程式語言教材」，不是嗎？

因為想要接觸更廣泛無國界的程式語言資源而學英文，這不正是最好學語言的動力？而為了督促自己英語進步，選擇購買英語授課的網路課程，這不也是加速了自己的學習？

找出自己的熱情

許多朋友和我表示，找不出自己真正有興趣、有熱忱的事情是什麼。我覺得這真的是世界上非常多人共同的煩惱。我要來說一個找出自己興趣的故事。

我們公司每兩週有一次免費按摩 15 分鐘的福利，我只要登記得到位置就會去。

按摩師是一位老先生，留了一臉白鬍子。我們趴在他自備的按摩椅上讓他按。

我和他之間除了問候語之外，不曾有過深入對話，但我總覺得他那麼老了還要帶一把按摩椅奔波於各個公司之間，真的是蠻辛苦的。美國有很多人過了退休年齡仍存不夠錢足以退休，我有時想，他是否做得很無奈？

但有一天我們不知怎地聊了整整 15 分鐘。因為他先開啟了一個對話的契機，我很自然地問了他，是否當了一輩子的按摩師了？

「喔沒有！天啊，不！」他停頓一秒過後又說，「但也沒錯啦，我是從很小開始就發展了對按摩的興趣。最早是我四歲的時候。我父母做的工作很辛苦，我幫他們按摩就是幫助他們的

方法。在高中、大學時，我也很熱衷於用按摩替人治療運動傷害。」

接著他陸陸續續地說了他的職涯故事。

「早年我在好萊塢做電影特效的模型。我做的很好呢！但怎麼說呢？特效模型就是一種，如果你做得好、跟畫面其他東西融合地很自然，觀眾就不會特別去注意的東西。久了就覺得，做得好又如何？做得差又如何？

後來我有了在一家毛線店幫人按摩的機會，一週一次。就跟現在一樣，帶著一把按摩椅，替那些因為織毛線織得肩頸痠痛的人服務。我開始有一群特別為我而來毛線店的客人。

就這樣，我便想，那就全職做按摩吧！一開始我有我的工作室——但你也知道早期的矽谷是什麼樣子——有錢人太多，許多人跟我預約了時段不出現、還開心地付我錢。索性把工作室也退租了，何必浪費租金？還是帶著我的傢伙去拜訪那些有按摩需要卻無法出門的客群吧！像是剛生完小孩的媽媽、不便行動的人、年長者，我便去他們家幫他們按摩。

做模型這件事對我來說，就是一份工作；但按摩呢？他讓我每

天都開心地起床。工作和熱情不需要是同一件事，但我覺得我真是幸運，找到了我的熱情，且以此為工作。」

我問按摩師老先生他為何喜歡他的工作？

「大概就是能有立即的成就感吧！按得好、按得差，馬上就能在客人身上看見。然後就是我能遇到各式各樣的人！我很喜歡跑來跑去的感覺，雖然說現在矽谷交通愈來愈差，這將會是一個大問題。但能夠做一份幫助他人的工作，妳不覺得真的很棒嗎？」

聽完他的故事，我真的很替他開心。恭喜他找到了他的職涯熱情。

如何選職業？
問自己什麼帶給你成就感

技術項目經理（TPM，Technical Project Manager）離職時，我為他舉辦線上餞行。他只來公司一年的時間，卻很受歡迎，大家都由衷地感謝他，說他為公司、為我們團隊帶來許多正向的改革、帶領很好的風氣。

這位 TPM 年資很深，接近退休年齡了。他以前是軟體工程師出生。一開始遇到他，我對於他的提議、做事方法不以為然，因此開會中也會和他持相反意見。好比說，他一直提倡換掉 Jira（一個針對缺陷管理、任務追蹤和專案管理的商業性應用軟體）用另一個 kanban board（可用於實現看板以管理個人或組織級別的工作軟體之一）代替，但我覺得就只有我們團隊跟全公司其他人用不同的介面，這樣溝通起來很不便。又或者說，他提倡每一個 ticket（查核點）都要有詳盡的子項目、每個子項目一定要 100% 做完才能開始下一個 ticket……但那些子項目有些實在是太囉嗦了，在我看來近乎吹毛求疵……

但後來發現他真的是非常勇於打破現況的人、是位願意挑戰既定做事方法、廢寢忘食地推動、落實全新思考模式的思想家。我未必完全同意他每個提出的建議，卻相當佩服他遊說他人的溝通能力及邏輯。很多他的想法，真的就是日久才看得出可貴之處。相對於大部分的人因為嫌麻煩或怕事而不願意改變現狀，他真的是難能可貴的人才。

餞行會上，他說他成為 TPM 就是因為他對於「如何」做事情的那個「how」很有興趣。也就是說，他對於如何最佳化軟體開發的「流程」相當有熱情。他喜歡畫流程圖、架構圖、喜歡整理、安排，對於把大的、抽象的計畫分解成清楚、條列式的項目、時程、待辦事項，他真的是擅長且非常熱衷。

同樣的事情，不同的人做起來成就感的程度是不同的。好比說，我們的 TPM 可能很喜歡把大計畫拆解成階段性任務、清楚定義每個階段的待辦事項，但不是每個人都喜歡做這種事情，也不是每個人都會從中獲得成就感。好比說，有些人很喜歡收納、把居家空間整理地整整齊齊，也會從中獲得成就感，但這件事對我而言就近乎沒有吸引力，因為「整齊」、「秩序」不是我特別在意的事情。

寫作對我而言是有成就感的事情。講故事、編故事帶給我莫大的快樂，因為我能用文字堆疊出原本不存在的一個宇宙，是一種無中生有的創造；在我心中，唯有藝術能使我們活得超出既有的生命限制，因為你每創造出一個宇宙，你生存的空間就擴大一倍，而且這個空間是無限的。

在我讀完寫作的碩士班後，曾考慮當口譯員，也跟一位口譯員吃過飯、請教她的經驗. 她跟我說，口譯的壞處是你不能展現

自己的東西，只是在翻譯別人的言語。她說她覺得我是很有自己想法的人，或許可以試試看當記者。後來我在一家小雜誌社報導美國華府附近亞裔人士相關的新聞，覺得這工作果然有趣極了。藉著當記者，我拿到許多我連想都沒有想過要參加的藝文活動公關票、或者訪問亞裔的政治人物。 而報道內容是我自己的創作，文章上有我的名字，這份工作帶給我的成就感確實比當文字翻譯或口語翻譯來得大。

上班寫程式，我體悟到寫程式帶給我的快樂，就是像數學帶給我的快樂：它不是一種創造，而是一種接近荒島求生、要用有限的資源尋求解困方法的益智遊戲。如同數學題目只給我們幾個線索，要我們找出 x, y, z，寫程式常常也是要利用有限的原始 data，將它們排列組合成我們想要的型態。也許破解這個益智遊戲的過程也是某種創造吧──就是在創造這個「解套方法」。

為什麼某些人做某些事情就會特別有成就感？為什麼某些人熱衷於研究食譜、對於將不同食材加在一起的變化特別感興趣？為什麼我們的 TPM 對於找出最有效率的軟體開發流程這樣有熱情？每個人天生就有特別在意與不在意的事情，這真的是很神奇。

願每個人都能做一份帶給自己成就感的工作！如果還沒找到，也不要太鑽牛角尖，因為很多時候是一件事情做久了，就會慢慢產生成就感，最後你就愛上了那個感覺。因此，無論你從事什麼工作，都要為你自己在工作中做的事情為榮。選你所愛，愛你所選。

Chapter 4.

我是一位太太、一位媽媽，一位工程師

多重身分的日常

生活在矽谷，幾乎每家科技公司都有一個 Women In Tech （女性科技人）的內部社團，可見大家非常注重要讓科技業多一些女性，減少男女間任何的機會不平等。

身為一位從高中就讀理組的女生，大學和碩士唸的是非常陽剛的土木工程、曾經在女人少之又少的特斯拉汽車工廠上班，現在又是少數的女軟體工程師，我對於「如何鼓勵女性追求對理工的興趣」此議題非常有感觸。

許多人認為，科技業男多女少的現象是因為女生天生就比較不喜歡自然科學、科技領域。比例上而言，喜歡理工科的男生或許真的比女生多，但這仍然無法解釋為何像我這樣曾經很喜歡理工科的女生曾一度懷疑自己不適任工程師的工作，而是到了三十三歲才有了第一份工程師的工作。我認為女生進入科技業還是存在著一些阻力，因為有這些阻力，女生要成為工程師是比男生辛苦的，也因此男女比例才會懸殊到世界上只有 13% 的工程師是女性。

這個章節著重的是我身為一位女工程師的各種感觸，同時也分享我身為一位太太、一位媽媽、一位工程師，多重身分的生活點滴。

希望藉由我的分享，讓同樣喜歡數學、喜歡理工、喜歡解決問題的妳知道妳不孤單，也讓同樣是職業婦女的妳更有自信去從事妳喜歡的工作、更有自信相信妳能夠兼顧多種身分與責任。

世界上只有 13%
的工程師是女性

為何這世界上
女工程師那麼少？

我就讀中山女高時選了理組，然後大學、碩士唸的都是台大土木系。然而畢業後我沒有申請工程師的工作，而是選擇去當一個輔助工程師的角色，寫工程技術文件。我到了生完小孩、轉行成為軟體工程師以後，才體會到原來我還蠻會解決問題的嘛！至少，我在平日工作中修了無數個程式中的 bug。

所謂的工程師，就是遇到問題，用有限的資源想辦法解決。你不一定會立刻找到最好、最省錢、最有品質的方法，你也可能掙扎好久好久都找不出方法，但身為工程師，你就不能害怕遇到問題。問題出現了，你用各種角度從上面看、下面看、左邊看、右邊看、敲敲打打，直到你找出一個解法，因為你相信任何問題都有解決方法，或者至少暫時補救的法子。這，就是工程師。

現在，當我在工作外遇到問題時，好比說，後院圍牆倒了；好比說，肺炎疫情改變了人生許多計畫；好比說，新買的電視釘不到牆上；我似乎也能更冷靜地面對這些突發狀況。之所以冷靜，是因為自信「任何問題，都有解決方法，或者至少暫時補救的法子」。而我，能夠找出這個方法。

這份自信，對於女性，或至少對我而言，是很不容易取得的、是我活到三十幾歲才找到的。當我寫出這句話時，我腦中閃過

的是一些過往的畫面：小時候，我爸爸長期在國外工作，而每當家中電器壞掉，我媽媽心情肯定焦躁無比，身為小孩的我們必然掃到颱風尾。久而久之，我真的非常不敢亂「玩」家裡的電器，包括電腦，因為我覺得只要我一碰就有可能壞掉，我就會被怪罪。我媽媽煩躁的原因是因為她不知道怎麼處理壞掉的東西，然後又想到為何這種時候家中沒有一個男人能來幫她解決呢？想到必須去五金行或者拜託其他親友，她就頭痛。

我媽媽是一位非常能幹的文組教授、從小到大數學都很好，但不管是她或是我，都沒有想過我們可以自己動手嘗試修理壞掉的東西。

我腦中還閃過另一個畫面：大學修化學實驗課的時候，大家都搞不清楚到底要幹嘛。沒有人認真預習實驗流程，因此大夥站在那裡大眼瞪小眼。但幾位男生很快地便認份地看課本，按照課本操作實驗，一下子也就進入狀況了。因為他們做得很快，便有餘暇去幫助女同學做實驗。久而久之，很多女生都知道只要站在那裡等一下，就會有男生來幫忙，我們便也懶得自己摸索實驗步驟了。

其實，曾經我覺得這樣的日子好輕鬆。有男人幫忙我做事的話，我幹嘛自己動手？有人載的話何必學會自己開車？有人幫

忙做實驗的話，我有必要自己研究課本嗎？我發誓以後不會跟我媽一樣命苦。我要永遠身邊有人幫我換電燈泡、修理電腦。

我沒有想過的是，當我站在那裡等別人告訴我怎麼做化學實驗時，那些男生都學到了東西、也在過程中理解到「原來自己很行嘛！」他們學會了解決問題的方式。

我卻什麼也沒學到。我以為我賺到了別人幫我代勞，其實我只是浪費了自己的生命站在那裡發呆。更慘的是，因為我壓根沒有嘗試自己動手，久而久之我就愈來愈相信我真的什麼都不會，男生比較行。以後的人生，我浪費的這些「學習解決問題的方法的機會」，我得加倍努力補回來。

而這個社會是這樣的：男人喜歡幫女人解決問題。無助的公主、英雄救美的騎士，這些概念不是我發明的，是大部分的動物一貫的求偶模式。我永遠記得實驗課時，一位男同學對一位漂亮的女同學說：「妳站在這裡一臉茫然、什麼都不會的樣子好呆喔！」但說出這句話的口氣卻不是貶意，比較像是稱讚，稱讚她很有女子氣息。

如果女人什麼都能自己來、什麼都會的話，男人要如何展現他們的英姿呢？「女工程師」這種專長就是解決問題的女人，真

的是一個很違反社會常理的存在。

身為一位現代女性，我從小期許自己要聰明、獨立、巾幗不讓鬚眉，但我的潛意識裡還是有一部分嚮往著當待在城堡裡等著被拯救的公主。世界上的工程師中，只有 13% 是女性。這樣懸殊的男女落差，除了科技業職場性別不平等問題造成，光是我自己內心對於性別角色的矛盾就夠大了。

女孩子，真的是要跨越相當多自身的、外在的障礙與矛盾，才能當工程師呀！我們消耗好大一部分的精力在跨越這些內心的門檻、這些社會對於我們的性別期待。繞了一圈，我在變成媽媽以後第二次嘗試當工程師，也希望藉由這些人生經驗和觀察，幫助更多女性在性別與志向之間找到內心的平衡與平靜。

科技業職場
性別不平等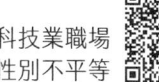

女性・婚姻・職場・幸福

身為一位從小熱愛理工科、寒暑假以研究數學方程式為樂的女孩，我在考上了台大土木系後，反而對「工程師」這個職業失去熱情。原因在於我沒有找到好的、能夠模仿的「榜樣」：身邊的學長、前輩雖然事業做得成功，但大都是男性而且我並不能感受到他們喜歡自己的生活。我聽到的都是抱怨——抱怨工時長、工作量太大，我聽到的是他們一直盼望著早日退休。在還沒有畢業前，我就失去了對工程師這個行業的憧憬。

後來我到了美國，讀了180度轉變的「創意寫作」碩士、畢業後擔任科技公司的技術寫作員。在矽谷的職場上，我反而重新找回對工程的熱情。找回熱情的關鍵在於我終於找到了人生榜樣。這含括了我身邊非常多辛苦工作卻真正以工作為熱情的人們，他們加班的時間不見得少，但他們以學習為樂、以創新為樂、以找到問題的答案為樂。在他們身上我看到了我想要的生活型態，激起了我努力想變成跟他們一樣的動力。因此，我靠在家自學寫程式轉行成為一位矽谷的軟體工程師。

由我的職涯故事可知，擁有好的人生榜樣真的很重要。榜樣就是一個效仿的對象、一個人生的憧憬。知道前方有值得我們期待、嚮往的事情，我們才有力氣向前衝。寫這篇文，想說的是關於身為一位「女性」這個角色所需要但嚴重缺乏的人生榜樣。

在我成長的過程中，身邊有各式各樣能讓我觀摩的女性長輩：有些是全職媽媽在家相夫教子、有些是沒有結婚的事業女強人，當然也有很多職業婦女，在家庭與職場間尋求平衡。我看來看去，一直希望能找到我未來人生效仿的對象，但始終沒有找到。我觀察到一個現象：職業婦女嫉妒全職媽媽能待在家；全職媽媽忌妒在外上班的媽媽有自己的事業；未婚女性總受到社會的歧視；已婚女性卻總說要是沒有結婚就好了。因此，我不知道到底誰該是我人生的榜樣。

高中聯考前，我媽媽帶我到廟裡拜拜。她看我求菩薩求得很認真，問我是跟菩薩說我想去哪間學校嗎？我說，我請菩薩讓我上一間能夠每天快快樂樂的學校。從那個時候，我就知道這世界上最重要也最難的一件事，就是快樂。

在台大讀土木系碩士時，我的指導教授鼓勵我出國讀博士。

「要是妳以後和妳媽媽一樣，當一位大學教授，那不是很好嗎？」他說。

誰知我的淚水突如其來地就流下來了。非常丟臉，但我沒有辦法控制喉頭的哽咽。「我不要。我只想要能夠幸福就好了。其他我都不要。」

在我心中，我媽媽活得不快樂。我說不出來到底是什麼原因。她有事業，也結婚生了孩子，但她感覺每天都過得生氣、勞累、被誤解。大概是因為她要的太多、無法兼顧事業與家庭吧？！大概是因為她總是大聲說出自己心中的想法，頻頻跟家裡的人吵架吧？！大概是因為她不懂得妥協、不懂凡事退一步吧？！因為我理不出問題癥結到底是什麼，我只有一心一意、小心翼翼地走，確保我不要變成我的媽媽。如果書讀得多的代價是不快樂，那我不要。

在我人生的某一個階段，「不要變成媽媽」意味著我不要讀博士；另一個時期，「不要跟媽媽一樣」意味著我要讀理工科；更有一段時間，「不要跟媽媽一樣」是我天天買一些似是而非的兩性書籍，這些書有些荒唐的標題類似於「如何當一位溫柔的女性」。現在想起來覺得那些書真是貶低女人，因為它教導人們如何讓著男人把功勞光環都給他們，讓他們在外有面子，並說唯有這樣女人才能真正擁有幸福。

荒唐的論點，但我不知道除了這些書籍以外，還有誰能教導我怎麼擁有幸福？我媽媽不能、家中其他的女性長輩不能、學校的男教授更是什麼都不了解。也許倒退一百年過著男尊女卑的生活才是幸福的秘訣吧？至少那個時候的女人該是什麼樣子大家都清楚地知道，不會像現在，有人跟我們倡導女權主義、

有人叫我們當溫柔小女人、有人希望我們在職場上巾幗不讓鬚眉、有人又說不用上班的女人最幸福。

有很多年，我一直很迷惘。我想過不要結婚、不要生孩子、不要工作。女人能有的各種面貌我都幻想過，但始終，我看到的是女人不是事業家庭兩頭燒，就是因為沒有家庭而被貼上標籤，或因為沒有工作而不被諒解。世上聰明能幹、堅強的女人隨處可循，快樂、幸福的女人卻不多。不管怎麼做，好像都注定了女人一生會愈走愈慘。

男人的家庭和事業是一個正相關的關係。事業有成的男人，大多也能擁有家庭，因為大家都想和事業有成的男人組家庭。沒有天下哪一個男人被問過「事業與家庭你要選哪一個？」當然是兩者都要。當然男人也很辛苦，我沒有要否認這點，但他們相對容易從小釐清人生目標，因為目標與目標之間是能夠相輔相成的。在這個新時代裡，我們卻還沒有找出我們的榜樣到底是什麼樣子。一個所謂「幸福、成功」的女人，究竟過的是什麼樣的生活？很多時候，事業和家庭對於一個女人來說，還是兩股相反的力量，相互拉扯著。

妳一定聽過一些這樣的故事：一個女孩跟男孩一起申請出國讀書，女孩申請上比較好的學校。但女孩說沒有關係，愛情與事

業相比,她比較注重愛情。為了待在男孩身邊,她隨著男孩讀比較爛的學校,反正她不那麼在意事業。後來男孩卻劈腿,跟別人走了。

你說這女孩笨嗎?其實我不覺得她笨。她當初選擇跟著男孩讀比較差的學校時,她選擇了保住愛情捨棄事業。但她之所以這麼選,也是因為她相信愛情比事業更能為她的未來帶來幸福。畢竟我們從小不都是這樣被教導的嗎?我們聽過跟王子結婚的公主從此過著幸福快樂的日子——有誰聽過公主因為當上了某跨國企業總裁從此過著幸福快樂的日子?選擇保住自己的幸福何錯之有?說了那麼多,我也不知道身為現代女性,我們需要的榜樣到底長什麼樣子,這個問題,大概只有時間能夠回答,畢竟女人能像男人一樣地工作在歷史長河中仍是一個很新很新的概念,許多國家甚至都還沒有跟上呢。

但我知道幸福的一個關鍵,是找一位喜歡原原本本的妳的人。這個人不管妳有沒有讀博士、讀的是比較好或比較差的學校、想要上班、待在家、或兩者兼顧,他都支持妳,而且還會幫助妳。甚至當妳和天下所有的女人一樣感到迷惘,因為女性複雜的多重身分不知道人生目標到底該怎麼定義時,他能夠理解。他必須要能夠理解:當一個女人所遇到的煩惱,很可能是比當一個男人會遇到的煩惱更為複雜的。因為我們沒有人生榜樣,

因此我們每個人都得當自己的榜樣，自己定義幸福。我們不該奢望將所有賭注都壓在愛情上就會帶來幸福。但一個好的另一半，會支持我們找出屬於我們自己的幸福方程式。那個方程式也許包含事業，也許包含家庭，也許包含了其他我們內心的夢想。好的另一半不會是擋在妳和幸福之間的障礙，反而是幫助妳完成願望、過得幸福的人。

有人問，要如何擁有幸福的婚姻？我當然沒有答案，但我最近有一個領悟：婚姻應當找價值觀接近的人，有任何需要磨合、維修的地方，就要勤加保養你們的關係。婚姻就像一台車子，平時就要確保性能完善，當暴風雪來臨時，車子是幫助你衝出暴風圈、生存下來的工具。試想，在那慌亂危及之時，大家忙著想食物夠嗎？斷電怎麼辦？衣服夠暖嗎？車子的狀況是所有人最不放在心上的事，所以最好平時勤加保養，以免危急時刻派不上用場。

人生不如意之事十常八九，只要家裡任何一個人健康、財務或其他生活面出狀況，甚至只要家裡事情一多，婚姻就會被推到所有人生順位的最後一位。一台好車能帶著大家安全駛出危險的困境。如果是一台爛車，就會在這個時候引擎出問題，而這時誰還有心力帶車進維修廠？或許車子就被拋在路邊，大家寧可自己一個人在雪中步行，也不願被車子拖累。

婚姻是愛情的墳墓嗎？

大家在説「婚姻是愛情的墳墓」時，總是用肯定語氣在説的，於是我的理工腦作祟，想要探討一下，真的是這樣嗎？

某方面來説，這句話是有它的道理的。英文有句話説「familiarity breeds contempt」，類似中文的「親近生侮慢」，因為熟悉，所以產生輕蔑、不以為然。當我第一次反問自己「婚姻是愛情的墳墓嗎？」我也是萬般驚訝，想説我和我先生算是相處和睦，竟也有這樣問自己的一天。

若要探討這句話成不成立，大概得先定義「愛情」到底是什麼。如果説愛情等於新鮮感、追求感、未知、神秘、激情，那婚姻確實是這些東西的殺手。沒有什麼比兩個人每天睡同一張床、牙刷擺在一起、衣服放同一個衣櫃、垃圾丟同一個垃圾桶更快殺死新鮮感的。有時候身邊的人會問我，當初是什麼契機讓我下定決心生小孩？而我總是很誠實地回答「因為我結婚算早，幾年過後忽然發現兩個人單獨出去約會、出去玩，大概就是那個樣子沒太大意思了，不如生個小孩。」而孩子，確實帶給了我們兩人的婚姻、甚至我們個人的人生另一種新鮮感。

但當大家在説「婚姻是愛情的墳墓」時，也許忽略了一件重要的事情，那就是美好的婚姻本身就是一件值得追求的事情，我們何必一直把它放在愛情旁邊做比較呢？這就像是春天過後夏

天來了，春有百花、夏有涼風，各有各的好，如果夏天來了還一直抱著春天的回憶，那就沒什麼意思了。

如果説愛情是新鮮感、刺激感、未知與神秘，那婚姻就是重複、安定、一首每天不斷播放、朗朗上口的歌曲。有人説，婚姻不是兩個人成天望著彼此，而是兩人看著同一個方向一起前進。

若説婚姻真的是愛情的墳墓，象徵著新鮮感、刺激感、未知與神秘的終曲，那它也是信任、陪伴、成熟、成長、安定及親情的開章。

先天條件 v.s. 後天努力

學寫程式期間，我最常 google 的問題不是如何運用資料庫結構，也不是哪個程式語言有什麼樣的特性。我最常查詢的問題是：「以我的智商，可以學會寫程式嗎？」

寫程式所要運用的邏輯思考方式，常讓我感到很挫折，因為對我而言，要以電腦、機器的角度思考問題非常不直覺。舉個例子來說，假如今天有兩個單字：flower 與 flyer，你問我它們的差別在哪裡，我馬上可以跟你說 fl 一樣、最後的 er 也一樣，只有中間的字母「ow」跟「y」不同。但我（人腦）為什麼可以這麼快看出這個差別？而當我要寫程式命令電腦做出一樣的事情，去判別兩個英文單字之間的差別時，我發現人腦一秒鐘可以完成的事情，卻要分解成諸多易懂的邏輯步驟說明給機器聽才能完成，這是多麼奇怪的事？

但程式語言的力量在於自動化，一組 flower 跟 flyer 的差別，人腦比電腦判斷得快，但若是幾百萬個字母的字串組合呢？依靠程式語言自動化這個判斷、比對字母的過程，可以讓電腦算得比人腦快速、輕鬆、精確許多。

每當遇到這種挫折，我不禁會想到我從小到大的數理能力，到底夠不夠用？我不是那種看到數學就害怕的人，但距離數理資優班蠻遙遠的。這時候我就會轉頭問我那位靠自學成為軟體工

程師的先生，「你覺得是不是要很聰明的人，才有辦法學會寫程式？」

我先生是一位很自律、很努力的人，因此他千遍一律的答案都是：「不用，就是多練習而已。」

但我還是難以被說服。在我的觀念裡，一個人的天資是非常重要的，而我明白我的天資落在哪裡。我從小就很喜歡報考各種智力測驗，因此我非常清楚我不是天才。

我們這輩子能做什麼樣的事情，是否天生就注定好了？像《美麗新世界》（*Brave New World*）那本科幻小說描述的一樣，是否只有基因等級 A 的人才配做最高級的工作、基因等級 B 的人做次重要的工作，至於基因等級落在 F 的人只能做最低階的工作？

第一次認識到「固定型思維」與「成長型思維」這兩個名詞，是在《恆毅力》裡頭。簡單而言，「固定型思維」主張人的天份是與生俱來、無法改變的：你天生有音樂細胞就是有音樂細胞，沒有的話最好從一開始就別浪費時間碰樂器。「成長型思維」主張的恰恰相反。成長型思維的世界裡，不但勤能補拙，而且勤奮還能讓一個人從本質上變得「沒那麼笨拙」。

認識「固定型思維」與「成長型思維」的差別後，我發現我是 100% 相信「固定型思維」的。這樣的價值觀，也許來自於台灣的升學制度，讓我們從小天天接受「排名」的洗禮。在我的成長過程中，考試一分的差別甚至決定了一個學生可以在班上坐的位置：成績愈前面的人，有優先權決定他的座位。

有「固定型思維」的價值觀，或許也來自我的家庭。

我媽媽是一個很聰明的人。即使我的外婆現在已經九十歲了，她還是逢人就要講一遍我媽媽小時候的豐功偉業。故事是這樣的：我媽媽在讀北一女時，身體很不好，所以曠課比率超過學校最高容許的三分之二。我的外婆覺得很不好意思，就到學校跟校長道歉，並替我媽媽申請休學。結果校長不但沒有要我媽媽休學，還跟我外婆說：「喔！妳的女兒那麼優秀，她如果偶爾心情好，來露個臉就可以了！她都不來也沒有關係！」

還有另外一個關於我媽的傳說，是連遠親逢年過節都要提的。我媽小時候很喜歡看電視，她不願意錯過任何她喜歡看的節目。當親戚到我媽家做客的時候，我媽總是坐在客廳看電視。但是廣告時間一到，我媽就突然從沙發上消失了。親戚很納悶，我媽難道有隱身術嗎？這時才發現一個小女孩躲在書桌下背書。聽說我媽所有的學習，都發生在節目廣告時間，但她還

是一路金榜題名。

在我們家，「聰明」是對一個人最高的稱讚。相對的，「努力」幾乎是一個負面的形容詞，就像是説「唉！那個人頭腦不怎麼樣，所以他只好努力了。」

高中的時候，有一次我偷聽到我媽和我弟暗中進行的對話。我弟説：「我覺得阿姊應該算蠻聰明的，會考上不錯的大學吧？」我媽則回答：「會嗎？可是她每天花好多時間讀書。如果她真的很聰明，應該不需要花那麼多時間吧？」聽到這番話，更加深了我對於天才型人物的崇拜，以及對於自己被歸類為「十年寒窗苦讀型」人的遺憾。我甚至懷疑，那我努力下去還有什麼意義嗎？

「固定型思維」與「成長型思維」的心理學研究指出，大人稱讚孩子所用的字眼，會大大地影響小孩認為天資重要或是努力重要。孩子做出一件很棒的事情時，你跟他説「哇！你真聰明！」以及你跟他説「很棒喔！再努力一點會更棒！」這兩種説法雖然聽起來都很正面，但會教育出截然不同類型的人。

我先生就是非常「成長型思維」的人，他覺得後天努力比什麼都重要。跟我同樣生長在聯考制度下的他，為什麼能有這樣正

面的想法，我是不太懂，但跟他相處那麼多年下來，我漸漸理解「努力」能為一個人帶來的改變。

我先生深信「一萬小時定律」，也就是，要成為某個領域的專家，你至少得付出一萬個小時在這件事情上面。於是他花了許多年的時間，不疾不徐地累積那學寫程式的一萬個小時：利用早起半小時的空檔、睡前一小時的空閒、我在滑手機看電視的閒暇時間。他為我證明了一件事，那就是——純靠天資，一個人能走的路程是有限的；但靠努力，我們的未來永遠有無限的希望和可能。

你是「固定型思維」的人還是 「成長型思維」的人呢？

要「多聰明」才能當工程師？

在我開始自學寫程式之前，我常常問軟體工程師的朋友：「寫 code 很難吧？感覺超難懂。」在我心目中，寫 code 跟「數學能力」最有關係。

有趣的是，凡軟體工程師給我的回答幾乎都一樣：「不會呀。學寫 code 就像學英文、日文那樣，就是一個語言。」

我不是很能夠被這個答案說服，因為我以往跟程式語言交手的經驗告訴我，寫 code 是很困難的。我從高一第一次接觸的程式語言是 C++，到後來大一上土木工程系的必修課也是修 C++，結果都蠻慘的，因此我宣判自己沒有寫程式語言的天份。直到 2018 年我從零開始再次透過線上課程自學寫 code，我才終於體會朋友們說的「學 code 就像學任何一個異國語言一樣」這句話的意思。

就從我高一時第一次接觸程式語言的故事說起吧！那時是我學校的物理老師鼓勵我學程式語言的。他以完全免費的方式輔導我在假日期間學 C++，大概也是看到我對理工科有興趣，想說我可以自學寫一些小程式，搞不好還能參加什麼比賽之類的。於是他給我開了書單，讓我買了兩大本比字典還厚的 C、C++ 教學工具書來看，並且給我出功課，要我自己研究怎麼做出一些程式。

但朽木如我，一直碰壁，步步都感到挫折。那時的我，還不知道怎麼「自己找答案」，因此我心中一直期待老師可以好好示範他到底要我做什麼，因為我連他出的功課的題目、他到底想要我做些什麼我都不了解，也不知道從何問起。現在回想起來，老師心中一定是想：「這有什麼難的？自己看書，看不懂去找答案，不就這樣嗎？實際做做看、做不出來用力想直到做出來為止，難道還要手把手教學嗎？」但要知道那時候的我，雖然很喜歡數學、物理，理工能力不差，但「電腦」對我而言，就是一個玩接龍和踩地雷的工具，因此我連怎麼按照書上的說明去設定寫程式的環境都搞不清楚。

總之，第一次學寫程式的經驗，就在我心中無限多個黑人問號中無疾而終。直到上了大一又再次遇到 C++。

這次我以為我可以學得比較好，畢竟這是我第二次跟 C++ 碰面了。我們用的課本，再次是那種厚得令我第一天就把它切割成三份的工具書。但豈知第一堂課老師也就講完差不多三分之一本課本，一下就上完一、兩百頁的進度。

「等等啊！」我心中吶喊。第一堂課我們就從 Hello World 上到 for loop，而且是雙層的 for loop，因為要用程式語言畫出這個形狀：

```
  *
 **
***
 **
  *
```

老師在台上説第一層 for loop 要 iterate i，第二層 for loop iterate j……但到底 i 跟 j 對應的是星星的什麼？完全沒有時間消化，課程就快速飛過去結束。

於是，我再次宣判自己不是個寫程式的料。「多可惜呀！」我想著。其實我對於要如何畫出那些星星，蠻有研究的興趣。但我看見太多人理解這些概念的速度比我快多了，好像只有我一個人還在那裡 i 跟 j 傻傻分不清楚。「還是算了吧！」我聳肩心想。「應該就是要天才型的人才適合寫 code。」我一方面是對自己失去了信心，另一方面覺得反正不會 code 也沒什麼。那時候的我，還是蠻喜歡在電腦上玩接龍跟踩地雷的。

然而現今的世界，真的跟以往很不一樣了。「學寫程式」這件事，從教材、教學方法、資源、普及性、每個人的心態、業界的需求量……全部都不一樣了。以前學寫程式遇到挫折，其實就是想辦法讓那門課不要被當掉就好了，反正世界上會寫

code 的人又有多少呢？誰知道現今的世界是連五歲的孩子自己上 YouTube 看一下影片就會寫 code 了，而隨著 coding 語言演變得愈來愈直覺化、coding 環境愈來愈好設定、現成的工具愈來愈多，真的是到了「人人都能 code」、也「人人都必須會 code」的時代了。

去年我重新開始自學寫程式，發現現在學任何事情真的都比以前容易多了。我以前從來沒有上過線上課程，但為了找程式語言 JavaScript 的教學課程，我看了許多 YouTube 影片、Udemy 課程等等，發現在這個線上課程百家爭鳴的年代，真的是有好多好多品質好、價格又低的學習資源。以前我在學習上遇到的障礙，例如覺得老師講的聽不懂、不夠清楚、太快，都可以透過線上課程解決，因為線上多的是一步一步的手把手教學，我還可以同一個片段重複看、放慢速度看、以兩倍速度看……況且選擇那麼多，我能夠輕易找到最適合我的教學風格。

經過我這一年從自學寫程式到成功轉行找到在矽谷的全職軟體工程師職位的經驗，我要來自問自答自己當時心中最大的疑問——「是不是要很聰明、理工頭腦超凡的人才能寫 code ？」其實我現在同意那些軟體工程師朋友們說的，寫程式與其說是在解數學難題，更像是在使用一個非母語的語言，只是溝通的

對象是電腦而已。想想你學英語的經驗吧！要了解不同的動詞變化、句型、時態，當然是要理解背後的原理，但更重要的是不斷練習、使用那個語言，最後所有的「為什麼這句話要這樣寫？」都會變成「因為這樣比較順」的直覺反射。

當然寫程式語言除了習慣它特殊的語法、詞彙之外，也還是有很多需要邏輯判斷、推理、運算的部分，這部分確實是比較像數學。如果要我以一個半路出家者的身分來說我對於學寫 code 這件事的看法，我覺得它真的就是一個介於學外國語言跟算數學題目之間的神奇技能。其實你就是在想辦法跟電腦溝通而已，但偏偏電腦聽得懂的語言很奇怪，要用一些等號跟邏輯運算來表達。

所以我不再覺得一定要天才型的人才能靠寫程式當飯碗了，但寫 code 確實還是要有一些理工能力和興趣。所幸現在的網路世界教學資源真的太豐富了，我再也不用抱著一本跟字典一樣厚的工具書望書興嘆，或者因為不知道去哪裡尋答案而自我放棄了。

工程師的日常生活
是什麼樣子？

某天，為了幫家中的逆滲透濾水器換濾心，我跟先生連續三個晚上蹲在水槽下研究到半夜一點。

其實也不是多難的一個過程，只是第一個晚上我們看說明書說要「逆時針」轉開舊濾心，結果怎麼都動彈不得。隔天寫信、打電話給客服又看無數 YouTube 影片終於了解，所謂的逆時針，也是要定義好是從哪一頭看過去的逆時針，因為從另外一頭看就是順時針了。原來我們的視角錯了。

第二天則是連接塑膠管的地方一直漏水。我們試了無數種不同的方式在接頭的螺紋上綑止洩帶——鬆鬆地綑、緊緊地綑、綑兩圈、綑三圈、綑四圈……綑九圈，甚至不同寬度、厚度的止洩帶都用了，網路上各種方法都試了，但永遠漏一點點水。最後一天我們推測應該是接頭的問題，於是換了原廠附送的替換接頭、一邊看「俗女養成記」、一邊第 N 次拔掉止洩帶、第 N 次綑上新的止洩帶、第 N 次打開水源測試，祈禱拜託不要再漏了。結果真的就好了。

說了落落長的一個居家小故事，其實是因為我覺得這個過程，就是一個蠻典型工程師的工作型態：遇到問題後，不厭其煩地把各種可能出錯的環節一個一個排除，直到找到問題根源、解決。當然有很多更有效率的方法啦，例如對水電比較有經驗的

人，就不會像我們這麼天兵地耗費三個晚上，但處理過程的精髓大概就是如此。

考慮轉行的人可能會好奇自己適不適合當工程師，所以我想分享這個例子。遇到問題，你有耐心和興趣去尋找問題核心嗎？當然也不是說工程師都多麼享受這個 debug 的過程，如果可以十分鐘就換好濾心去看電視，誰想要半夜一點還蹲在水槽前呢？但重點是你能為了「找出讓水管不漏的方法」那一瞬間的成就感，忍受 72 個小時不斷驗證、不斷失敗、又要不斷重來的過程嗎？

許多人來信問我，如何能找到自己的興趣？我覺得很重要的一個觀念是，喜歡做一件事，不等於每分每秒都享受那個過程。我很喜歡寫作，但作家們大部分的時候都需要逼自己去坐在書桌前，忍受自己不知所云地亂寫的感覺。沒有這個過程，就沒有寫出一句很棒的句子時的那種喜悅。同樣的，沒有枯燥的試誤、失敗、重來過程，就沒有找出能讓濾水系統不漏水的方法的快樂。

在家工作一定好嗎？

因為全球肺炎疫情緊張的關係，2020 年，我在加州矽谷這邊和許多人一樣，長時間在家工作。

身為軟體工程師，能夠偶爾在家工作，這是原本就有的福利。有許多工作，本質上就是遠端的，因為某些小公司沒有辦公室、或是跨越區域性地徵才，大家都在家工作。

我看到許多想轉職進入科技產業的人，尤其媽媽們，都是被「在家工作」這件事所吸引，因為覺得這樣比較容易兼顧家庭。但無論是我先生，或者一位資深軟體工程師朋友，都勸我至少第一份工作不要選完全在家工作的，說這是「職涯自殺」。

而我實際體驗 100% 在家工作後，也觀察出這種工作型態的隱形成本，那就是──人與人之間的溝通變得太「俐落」。

這種過於簡短、純粹為達目的性的溝通，我在家庭生活中也有經歷。因為我們夫妻都工作、又有小孩、又有家事、又有我們自己的興趣（如寫作），有時我跟先生一天的對話內容會淪為「洗碗機開了嗎？」「垃圾倒了嗎？」「小孩房間窗戶關了嗎？」這種連一分多餘的「肥肉」都沒有的對話。

人與人之間的溝通，還是需要參雜一點廢話、一點玩笑、一點

不正經。感情就是在這些表情、手勢、這些不一定有什麼內容的對話中發生的。這種情感的經營對於婚姻很重要，因為它是每天的一種儀式，一種重新確認對彼此態度的儀式，就像是在說「你看，我還是很喜歡你、很喜歡跟你開玩笑。這樣如果我明天忽然對你說話態度不好，你就會知道不是因為我不愛你，而是因為生活中發生了什麼突發狀況讓我心情不好吧！」

「非言語」的溝通、沒有目的性的溝通，傳達的資訊量其實非常非常巨大；那是難以量化的一種溝通成效。它是人際關係中的潤滑劑、讓彼此產生「好感」，而且這種好感需要定期儲蓄，不然就會用光。

就算我和先生認識十幾年，只要連續兩天沒有跟對方開個輕鬆的玩笑、講一些無關緊要的話，我們的關係就會變得緊張，就容易因為小事而產生誤會、針鋒相對。我原則上理解我先生對我沒有惡意，但心理上還是需要藉由一天又一天一些善意的小舉動來確認我們之間的情感，不然很容易會被一句無意的話、一個無心的眼神刺到，認為他是「故意找碴」。

這種「無特定目的」的溝通，不是視訊畫面能輕易複製的。我發現比起以前在辦公室裡，我現在對於要 message 同事尋求幫助時我會想比較多。以前因為會時常聊天、時常彼此微笑、

一起午餐，我確認我們之間的感情是友善的。但現在少了每天這種友善的儀式交換，無形的距離便增加了。

我舉辦的 virtual happy hour（線上聚會）沒有辦法解決所有在家工作疏離感的問題，但我覺得還是不無小補。大家聚在一起閒聊一小時後再聊公事，氛圍會比較好。原因就在於閒聊期間重新對彼此強調一個「共識」——我欣賞你、肯定你，玩遊戲的話，我們一定能玩得很盡興！有了這層共識以後，聊公事如果意見不合就比較沒有關係，因為我們互相確定這是對事不對人的批評。

能夠預設對方沒有惡意的溝通，真的很不容易。長期在家工作的挑戰，就要靠全人類的創意共同克服了。

十分鐘理解何謂
「網頁開發軟體工程師」

很多人想要學寫 code，但未必知道會寫 code 以後能夠做什麼、有哪些工作選擇。這篇我想以淺顯的方式講解所謂的網頁開發工程師（Web Developer）的工作內容到底是什麼。

首先説明一下，coding 相關的職業非常多：你可以寫手機的 APP、寫網頁、開發人工智能、做金融業的預測模型、做機器人（包含工廠用來大量生產各種產品的機器）、開發自動駕駛技術等等等，太多了！程式語言存在的目的就是做自動化、減少人工作業時間，所以運用的範圍無遠弗屆。

這篇要講的只是這其中的一種職業，那就是「網頁開發軟體工程師」，因為這是我現在做的，也是許多非本行的人學會寫程式語言後第一個會考慮的職業。網頁開發工程師，顧名思義就是寫網頁的人。仔細想想，現在世界上任何產品、公司都有網頁，因此網頁開發工程師的職缺非常多，再加上這是 coding 相關職業中入門門檻較低的選擇，因此市面上的「軟體工程師速成班」（coding bootcamps）大部分也都是教網頁開發。

網頁開發又分成前端工程師及後端工程師，我做的是前端。那我們的工作內容到底是什麼呢？

我們都在網站上買過東西。舉個例，當你在 Amazon 上買

一件毛衣的時候，你會看到毛衣的照片、看到價格、看到尺寸……使用者看得到的這一切，都是前端工程師用 code 寫出來的。當你選擇衣服尺寸的時候，你會看到只剩下 Large，Medium 跟 Small 都沒有了。讓使用者看到剩下哪些尺碼、讓那些已經缺貨的尺碼變成不能夠選取的狀態、讓使用者在沒有選擇尺碼前不能按下一頁結帳……凡跟使用者介面相關的東西，都是前端工程師的責任。

至於網頁上字體要多大、怎麼排版比較好看這種事，通常就有另外的 「網頁設計師」負責設計美感。工程師主要是處理邏輯的部分，像是使用者按哪一個鈕會跳到哪一頁、信用卡號碼少寫一個碼下單不能成立、如何讓已登入會員在下次登入時看得到之前放在購物車裡的商品等等。

前端工程師的工作，就是讓買家能順利地下單，買到他想要的尺寸、顏色。但網頁如何知道什麼時候 Medium 開始缺貨？又怎麼知道什麼時候紅色的毛衣又進貨了呢？

想像一個傳統的商業模式，大概就是有一個店員會去倉庫查看，看完再跟客戶回報「我們還有最後一件紅色的毛衣」。在購物網站上，這個「查庫存」的動作，就是後端工程師處理的邏輯。每個網頁背後都有一個「資料庫」，暫且可以把它想成

一個巨大的 excel 表格。這個表格上記載了所有毛衣的顏色、尺寸庫存。每當有一位買家下單一件毛衣,這件毛衣就得從這張 excel 表格被畫掉。而每當毛衣再進貨時,這些新的毛衣就得記到 excel 表格上。

總結一下:資料庫上記載著所有毛衣的庫存量;前端工程師負責透過網頁介面讓使用者輕易得知剩下什麼顏色什麼尺寸;而在這中間跑腿、在每次下單或進貨時去更新資料庫的人,就是後端工程師。

關於前端及後端,我還喜歡用房子做比喻。如果網頁是一間房子,前端工程師就是做所有室內裝潢的人,而後端工程師則是負責供應水源、電源、瓦斯、網路等等。舉個例子來說,蓮蓬頭怎麼跟出水口接在一起、怎麼透過把手控制水溫水量,這是前端工程師的責任;但水源的供應、源頭水壓、把管線拉到廁所的位置,這就是後端人員要做的。前端與後端工程師必定要很緊密的合作,不然只有蓮蓬頭卻沒有水無法洗澡,而沒有蓮蓬頭或者水龍頭把手,縱使有水,也還是無法洗澡。

轉行軟體工程師一週年感言

在我擁有全職、正職軟體工程師身分滿一年之際，我整理了一年來的三個感言：

1. 最要感謝的人：我先生 Brian

很多人問我轉行的經驗我都不敢隨便給意見，因為這些人可能住在亞洲、住在歐洲；我都跟他們說，我只了解矽谷的轉行環境，因為我就住在這裡。而我之所以理解矽谷就業市場對於半路出家軟體工程師的接受度及機會的多寡、面試的難度，這都要感謝我先生比我早四年轉行、走在我前面，為我開拓道路。因為他走過一遭了、也成功了，所以我才能相信半路出家轉行是一件可行的事情。除此之外，我親眼目睹他在過程中遇到的挫折、下的功夫、使用的方法……我不經意地耳濡目染得到這些資訊，真的是我最寶貴的資源。

我先生比我早轉行的那四年期間，我從來沒有認真想過要跟他一樣。我心想，家裡一個工程師也就夠了。但他還是在無形間、不知不覺地影響了我。這個影響力是遠遠超過四年的。早在我們九年前住馬里蘭的時候，我就看著他每天比我早一個小時起床，坐在客廳兩人座的餐桌上讀厚厚的程式語言書籍。那時我都覺得他是神經病，幹嘛不多睡點覺？連我媽媽來玩看到都說：「Brian 拜託了，可以不要那麼認真嗎？」

印象最深刻的是，他在投了幾百封履歷都沒有結果的失業期間，某天他在一張白紙上寫下了五年計畫，貼在我們的房間裡（那時候我們跟其他室友共住一間公寓）。那五年計畫的終端是他要去 Google 當軟體工程師。我看完嘆了一口氣，摸了摸他的頭說：「沒有關係啦，就算你一直找不到工作，我還是會愛你。」對我來說，他那個計畫真的是天方夜譚，因為那時的他剛從環境科學碩士畢業，完全不會寫程式，我真的不知道這個計畫要怎麼走到 Google 這個結果。

他寫下計畫的五年過後他沒有進 Google，但他去了 Facebook，我們常笑說也差不多啦！我時常想起那張貼在我們牆上的白紙，還是感到不可思議！我在我先生身上第一次看到有人會認真按照自己設立的五年計劃執行。

我以前認為我比他聰明，因為他總是花比我更多的時間讀書、傻傻地用功。但現在當我在工作上程式語言寫不出來、卡住的時候，我卻需要跟他求救。現在我才懂，他的思路、邏輯以及跳脫框架思考能力真的是比我想象中地強很多，但他仍然非常努力。聰明，還要加上努力才有用。

這麼好的楷模讓我學習，我最感謝的人毫無疑問就是他。

2. 盡信書則不如無書

很多人問我轉行的時候幾歲？這些讀者跟我說他們自己的年紀，然後問「這樣來得及嗎？」

我通常不會直接透露自己的年紀，原因在於：如果我轉行時的年紀比你現在小，你就要宣判自己「來不及了」然後放棄轉行計畫嗎？

我的轉行之路有許多劣勢：我那時小孩剛出生、我沒有時間去參加 coding bootcamp、沒有時間參加 networking 的活動、我離開學校多年都沒有擔任過工程師、我沒有在美國讀過工程學位。如果就以上這些條件而言，你可能覺得自己跟我比起來充滿希望。「如果她都可以我一定也行」，你可以這般想。

但我也有很多轉行的優勢：我擁有（土木）工程的學士和碩士文憑、我先生走在我前面已經轉行成功了，以及我人已經在矽谷且有這裡的工作經驗。就以上這些條件看來，你可能又可以找出為何自己無法轉行的藉口，例如：沒有讀過理工科、沒有在美國工作過……等等。

我在轉行期間也是一天到晚參考別人轉行成功的案例。每次面

試失敗，我就想找出自己為何跟那些成功的人不同？一定是因為他們沒有小孩、一定是因為他們住在比較缺軟體工程師的地區、一定是因為他早我一年轉行，那時候景氣比較好……

比來比去是比不完的。不管跟誰做比較，我都有我的優勢和我的劣勢。有別人的故事給我參考很好，但如果我將別人的成功方法當成唯一的範本，當成「如果我沒有所有條件都跟那個人一樣我就無法成功」的藉口，那真的是盡信書則不如無書。

3. 找到自己的利基 (niche)

關於自己的 niche，我好朋友的 blog【海洋學家的母體力學】這麼說過：

「海洋生態必考題 Paradox of the plankton：海洋資源那麼有限、浮游動物這麼多，都擠在同一個空間，為什麼沒有彼此競爭到每個食物鏈位階都只剩下一種？答案就是各有不同的優勢，各佔不同生態棲位（niche）。人生何嘗不是如此，資源那麼有限，競爭那麼激烈，只找到熱情所還不夠，要找到自己的位置。」

我是一個由理工科（土木工程）轉文（創意寫作）後又轉理工

（軟體工程）的人，所以我對於「找到自己的位置」這件事有很深的感觸。

我從小做智力測驗，就是只有兩個特別強的項目：語言和數學，而我的語言能力略優於數學。空間概念、機械推理我都是吊車尾的。

語言和數學，正好都是我很喜歡的領域，因此我這一生雖然看似不停轉行，但其實是一直在語文領域及數理領域摸索、微調我的「生態棲位」。要找到自己確切的定位真的很不容易，畢竟這世界上人口那麼多，我們每個人都是在夾縫中求生存，求我們那勉強算是能暫時性「不可取代」的生存空間。

我人生有幾個階段感受到自己剛好卡到了游刃有餘的生態棲位，第一個是我在台灣讀土木系碩士的時候。在理工科系中，我的英文能力非常被看重，因此，我幾乎可以完全靠幫別人做學術期刊翻譯、寫稿這些對他人而言較困難、對我而言卻相對輕鬆的差事交換到在理工科系中不錯的地位。

另一次找到適合我的生態棲位，就是我在矽谷當技術寫作員時。通常科技公司對於這個職務的要求就是會寫作，又有一些理工背景，而這些條件正好是為我量身定製的。我在特斯拉汽

車工廠擔任技術寫作員的三年期間，感受到我的飯碗有一定的牢靠度，因為通常工程師們非常討厭寫技術文件，因此不太有人有興趣跟我搶工作。

現在當軟體工程師，我則感受到要靠純理工能力找到生存空間，對我而言是比較辛苦的。但當我自願幫我們要推到中國的產品做翻譯、為我們在做的 APP 製作使用者說明影片時，這些我做起來相對輕鬆的事卻可以比我辛苦地寫 code 換來更高的讚揚和滿意度。

這世界上沒有任何人是真正不可被取代的，我們都要居安思危、隨著環境變遷不斷調整自己的生態棲位才不會被大自然淘汰。尋求自己能生存的夾縫就像電影中常拍攝的監獄場景：某個白面書生被抓去關，他如果靠拳頭跟獄友硬拼一定會被打死的；但如果他能找到別人需要他的地方，例如教別人寫字、替別人寫家書，那他或許可以安然無恙地熬個幾年，搞不好還會不時有人送他一些點心、幾根菸。

但同時他又得為未來做點準備，隨時增加自己口袋中的籌碼，這樣等到又有另一位白面書生入獄時，他才能啟動別的生存策略。

我讀「脆弱的力量」——
談「男人的脆弱」

你一定聽過某些男人失業的故事，失業期間還是每天穿西裝打領帶出門，因為他實在開不了口向太太及孩子們承認這件事。他持續偽裝自己的理由，可能有兩個：

一、或許他覺得他讓家人們失望了，竟然不能扮演好扶養一家人的重要角色。二、或許他對於自己被革職這件事感到非常羞恥，因為這不就代表他的能力不如其他同事嗎？

不管是第一個或第二個理由，這個男人根深蒂固地將自我價值與他的工作能力、扮演一家之主的角色綁在一起，所以要他赤裸地呈現在家人面前，讓他們看見他殘敗、落魄的一面真的太痛苦了，痛苦到他寧可偽裝、寧可一人承受失業之苦也不願說出來。

但你有想過這男人偽裝自己，可能還有第三個理由嗎？

這篇文章中，我要就布芮尼‧布朗（Brené Brown）寫的《脆弱的力量》（Daring Greatly: How the Courage to Be Vulnerable Transforms the Way We Live, Love, Parent, and Lead）這本書中關於「男人的脆弱」這個主題做討論。

布芮尼是一位社工學家，她 TED talk 上的演講，有好幾千萬的點閱率。為何她主張人必須勇敢面對自己脆弱的那一面呢？

脆弱（vulnerability）與「羞恥感」（shame）息息相關。我們每個人都討厭羞恥感。羞恥感是一種覺得自己沒有價值、不值得被愛的感受。羞恥感是想要躲得遠遠的，因為你始終相信，假如讓身邊的人看見「真正的你」，發現你肚子上的肥肉、發現你很笨、很懦弱、童年經歷過家暴、曾經整形、失業了等等等，別人就不可能愛你了。因為你總是害怕被人發現「真正的你」、你那最脆弱、未結痂的傷口，於是你害怕與人親近，但這使你落入孤獨與痛苦之中。這就是為什麼有勇氣展現自己脆弱的那一面那麼重要，因為只有當你願意面對那些讓你感到羞恥的事情，跟信任的人承認：「是的，我失業了」、「是的，我小時候家裡窮到沒有鞋子穿」，你才能從創傷中走出來，相信自己是值得被愛的。

回到一開始那個失業男子的例子。起初布芮尼‧布朗在做關於「脆弱」的研究時，她只研究女人，因為她認為女人比較容易掉入這種「覺得自己沒有價值」、自信心低落的問題中。但她開始研究男人之後，發現男人其實和女人一樣，內心存在著許多不敢說出來的事情，就像不敢開口承認自己失業的男子，他只能天天上咖啡館投履歷，獨自在「我真是沒有用」的痛苦中

打滾，下班再戴上面具回家吃晚餐。久而久之，男人必定和家人愈來愈疏遠、他也感到愈來愈孤離，因為他根本不能夠分享自己的事情。他的人生，已變成一個謊言。那究竟讓這個男人選擇偽裝自己這條痛苦的道路的第三個理由是什麼呢？

「我的太太根本不想知道」，布芮尼的研究對象是這麼說的。「假如她懷疑我失業了，她也寧可我偽裝下去，不要在她面前坦承」。布芮尼在她的研究中發現，很多男人無法展現自己脆弱的那一面，其實最大的罪魁禍首就是女人。女人總是指控男人們不懂得展現自我情緒、不懂得分享自己的感受，但當男人們真的把自己最脆弱、最不堪的那一面展露在我們面前時，我們又常常無法承受脫下盔甲後那位其實害怕地發抖的男人。

「我的太太根本不想知道」這句話是整本書中讓我感到最心酸的一句話，因為我不得不承認，有時候，我也跟那位太太一樣，因為不敢看脫下戰服的先生，逼得他只好一直戴著盔甲。

整體而言，我一直覺得我的先生是一位不害怕展現自己脆弱那一面的人。舉個例：他在美國讀碩士的時候跟系上同學參加了一場外州的研討會。因為他們系上有七個人，而在旅館中他們是兩個人分一個房間，身為唯一外國人的他就被排擠了，逼得他只好睡其中一個房間的地上（系上補助金費不足所以他又無

法自己睡一間）。聽到這個故事的時候，我的感覺是「天啊，好丟臉」。要是我，一定會認為問題是出在我自己身上，以至於別人不願意跟我睡一間；我會覺得很羞愧，因此即使孤伶伶地睡在地板上，我也不會把這件事情拿出來講。但我先生不同，他雖然很不開心自己必須睡地上，但他到處跟別人說，甚至說他覺得自己被排擠了。結果，因為他到處分享自己「脆弱」的處境，後來有朋友邀請他去住他們家，他反而住得更舒服。

講這個故事是想說，本質上，我先生應該是比我懂得展現自己脆弱的那一面。這可能是因為他是家中老么吧！因此他從小就已經習慣當那位比較需要尋求幫助的人，也不覺得這有什麼。從我們剛開始約會的時候，我就發現他是一個還蠻愛哭的人，在我面前落淚對他而言不是什麼難事。但在我們相處的日常生活中，我確實還是犯了很多女人會犯的錯誤，剝奪了他能夠展現脆弱的權利。

打個比方，在我懷孕的時候，我們因為搬家買了新的洗衣機。那時候洗衣機的裝修工人一直出烏龍，一下子約好的時間不出現、一下子來了又忘了某個零件，搞得我先生必須一直請假在家等工人又等不到人。想著生產之日即將到來，沒有洗衣機洗小孩的衣服怎麼辦？日子已經混亂成那樣了，為什麼連個洗衣機都搞不定？有一天我在上班，先生在家等裝修工人時，就接

到了他的電話。電話那一頭的他極其絕望沒有精神，因為那時候我們真的是蠟燭多頭燒，洗衣機又再次沒裝成功、他又再次白白請假在家，真的已經把他逼到盡頭了。我聽出他聲音中的疲累與厭倦，以及我懷孕九個月加上搬家壓力的累積、又沒有家人在身邊幫忙的情況下，讓他已經撐不下去了。那時候的他極想要我的安慰。

但我沒有給他他需要的安慰，我哭了。因為我也覺得好疲累、好厭倦。那天回家，我極其鄭重地跟他說，請他一定要堅強。懷孕的我有很多很多的不安，我沒有辦法再去面對他的脆弱。我真的是這樣跟他說的：「如果你有什麼讓你覺得很無力的事情，可不可以拜託你不要展現在我面前？我現在需要的是你的堅強，因為我感到很害怕。」

是的，有的時候，愛會變成一種情感的綁架。對於我那時候和我先生說的話，我感到非常抱歉，但我也知道那是一段非常時期，第一次當媽媽的不安加上荷爾蒙作祟的情況下，那是一位溺水之人說出來不管別人死活的話。

排除懷孕這個藉口，我一直希望自己能更堅強、更勇敢，正面面對生活的殘酷。如果今天有殭屍來臨，我希望我可以跟先生一起想辦法逃生，而不是一位讓先生必須花費精力來哄騙、

安慰的老婆。很久以前我在書中讀過一句話：「If women should lose their courage, should men be fearless still？（如果女人失去了勇氣，男人還能夠無所畏懼嗎？）」脆弱和勇敢常常是一體的兩面。展現脆弱，是一種勇敢的表現，而能夠包容他人的脆弱，更是一種勇敢的表現。勇敢地面對自己，也勇敢地面對你所愛的人，讓大家都有展現脆弱的空間，互相扶持。

用心聆聽是最溫柔且困難的愛

人際關係專家卡內基的長期暢銷著作《如何贏取友誼與影響他人》（*How to Win Friends and Influence People*）書中説，要獲得好人緣，其中一個關鍵能力就是當一位好的聽眾。第一次讀這本書是很久以前了，但我一直記得書中説的，這世界上有太多人渴望講自己的事情，但又有幾個人是真正用心在聽別人説話的？因此光是當一位好的聽眾這一點，就能讓你贏取真正的友誼。

聆聽，聽起來很簡單，事實上非常地困難。最近我在讀兩本育兒書，《The Happiest Toddler on the Block》以及《How to Talk So Kids Will Listen & Listen So Kids Will Talk》，兩本書都是暢銷書，都是厚厚一本，但真正的重點，就是提醒父母要用心聆聽孩子説話。書中講的道理，我相信大部分的父母都懂，例如説「要讓孩子有機會説完他們想説的話，不要急於插嘴」、「幫助孩子去形容自己所感受的情緒」、「用同理心回應孩子的感受，不要急於提供建議或批評」。這些為人處事基本的道理，為何還能寫成一本一本的暢銷書賣給世界各地的人？那就是因為知易行難，「用心聆聽」真的太難得了。

舉個例來説，在我剛生完小孩、小孩還未滿三個月的時候，有一天我媽媽打電話來問我過得怎麼樣。我説我覺得我有一點產

後憂鬱症。聽完我這句話，我媽媽沒有安慰我，也沒有問我為什麼感到憂鬱，而是直接說：「沒有啦。不可能的！」

我感到很生氣。我說：「妳又怎麼知道可能或不可能？妳是醫生嘛？」

「根據我讀過的文章以及我對於產後憂鬱的理解，妳都生完那麼久了，不會現在才在產後憂鬱的。」

我那時候氣憤地不得了。我只不過是分享我的心情，跟我媽媽說我「覺得」我有產後憂鬱。感受本來就是主觀的一件事，是沒有對或錯的，但她直接評論我的感受是不對的、我不應該有這樣的感受。我很生氣，於是我對她說：

「我只是分享我的心情，妳為什麼要否定我的心情？妳又不是我，如何知道我的感受？」

後來我媽媽跟我解釋，說她以為她那樣說是在安慰我。她怕我會因為有產後憂鬱這樣的症狀而感到緊張，所以想要安撫我、讓我知道這個可能性不大。

當時覺得這個解釋有點強詞奪理，但仔細想想，我有時也會對

自己一歲的女兒做類似的事情。例如說，女兒走路撞到牆壁了，我也看見她撞到牆壁、知道她只是輕輕碰撞、沒有大礙，但她仍然大哭。這時候我很可能直覺脫口而出：「沒事喔！不痛不痛！」

通常我這樣講，女兒只會哭得更大聲；本來沒那麼痛，卻因為我「沒有同理心」的言語讓她感到委屈了，因此她當然愈哭愈慘。她心裡肯定是覺得「我就是很痛啊！妳為什麼跟我說『不痛』？」要知道身體的痛可以忍、心裡的委屈是很難排解的。

因此現在女兒走路撞到牆壁時，我盡量記得這麼回應：「喔！痛痛！痛痛喔！媽媽知道妳痛痛！妳撞到牆了所以痛痛。那麼我們下次走慢一點喔！」今天早上女兒聽我說完這些話，好像突然也就沒事了，自己開心地跑開去玩。可見小孩在哭只是需要別人同理一下、希望有人見證她這痛苦的一刻。我其實不需要說什麼，只要讓她知道她的感受我收到了、了解了，那就足夠了；她需要被同理的感受被滿足以後，她自己就會想辦法站起來。

我寫這一篇文章，並不是因為我是一位擅長聆聽別人說話的人。恰恰相反地，我時常忘記如何安靜地讓別人說完話、總是忍不住給予意見、急於要替別人「解決問題」，但我知道這樣

做只是弄巧成拙、讓別人更不好受而已。事實上我和媽媽的關係中，我也常常是那位不讓她好好說完自己的感受的那一方。

舉例而言，我媽媽因為和高齡的外婆住在一起，和外婆的相處時常令她挫折、氣憤、無奈，因此媽媽常常和家人抱怨外婆的事情。每回對話一開始我總會試著安靜地聽媽媽抱怨、表達同理，但十分鐘過去後我就會開始聽得不耐煩，從而給予一些沒有必要的建言，例如「不然妳為什麼不這樣這樣就好了？」「那如果妳就出門不要管了呢？」等等。其實身為聆聽的一方，我這些沒用的「建議」真的是非常多餘而且令人討厭的，因為誰又需要一個旁觀者在那裡扮演球評呢？我這麼說非但不會幫助到媽媽，反而讓她心情更差吧！但有時候，即使知道這些道理，也還是很難做到「用心聆聽」這件事，可見「聆聽」真的是世界上最簡單也最難的事情。當然媽媽也會無奈地表示她其實只是想要有人可以聽她抒發情緒，該怎麼做她自己心裡有數。

人與人的相處不可能是完美的。只要生活在一起、有接觸，人總是會有吵架、相互傷害、生氣的時候，但我們總是努力地磨合、相互學習，以求彼此間的關係能夠達成一種健康的動態平衡。我要不斷提醒自己更努力地當一位好的聆聽者，既然愛一個人，就好好地付出時間聽對方說話，因為「用心聆聽」，是最溫柔且困難的愛。

後記

出書是我從小的夢想。整理台灣家中小時候留下來的東西，很多陳年記事本還是捨不得丟掉，因為裡頭很多我編織的故事。以五歲、六歲、十歲、十二歲……不同心智年齡寫出來的角色、小說。雖然都是一些半成品，但足以見得我從很小就想當作家。

二十五歲時，在我從台大土木系碩士班畢業後，我去美國讀了小說創作，花了三年的時間完全沉浸在一個藝文空間裡，身邊的朋友都是和我一樣，喜歡做夢、喜歡書本、喜歡創作。

後來我和先生搬到了矽谷，我的生命又回到了現實中的柴米油鹽。矽谷根本是文人世界的剋星！這裡只有討論房價、討論股價、討論一些俗人的金錢煩惱——但入世地活也可以精彩、有趣吧！在矽谷我再次投身工程的世界、而後成為媽媽。生活就在奶瓶、尿布、程式碼、機械工廠、天文數字的房價、數不清的帳單間，忙碌而幸福地前進。

我以為我離寫作愈來愈遠了，沒想到矽谷的生活、工程師的生活、柴米油鹽的點滴、育兒的酸甜苦辣，給了我寫作的新題材。我在生完孩子、決定轉行成為軟體工程師那年成立了「工程師作家的轉行人生」這個部落格／臉書粉絲頁，將生活的觀察與感觸記錄下來。

感謝時報出版社連絡上我，在我沒有預期的情況下，自然地帶領我走向出書這條路，讓我生命中的點與點就連接起來，也讓我工程師、作家、媽媽三種看似互斥的身分和諧地融在一起。

能夠完成我從小出書的夢想，要感謝的人很多：時報文化出版社的專業團隊，包含主編林巧涵（要是沒有她最初聯絡我，這一切就沒有開始）、第五編輯部總監梁芳春與責任企劃謝儀方。我的書的推薦人，包含小劉醫師、矽谷美味人妻、邱懷萱、路怡珍、尼可、周品均、御姊愛、劉冠吟等人。尤其感謝矽谷阿雅為我的書寫推薦序。還有太多一路上幫忙我的人──謝謝你們！

書中我多次提到我的父母。我的家人一直是我無條件的後援、最強大的靠山！謝謝他們相信我、支持我的各種夢想。

最感謝我的老公 Brian（半路出家軟體工程師在矽谷）從我大學時代以來的支持與陪伴。這麼多年來，無論我的人生目標怎麼改變，他都積極地參與、幫助我實現。陪我練習面試軟體工程師職位的是他，鼓勵我寫作的人是他，陪我照顧孩子、在工作與家庭之間奔波的人是他。這本書的誕生時間點很特別，恰好落在我們第二個孩子出生的時候。能夠又當工程師、又當作家、又當媽媽，我真的感到非常幸運與感恩。

文藝少女的矽谷進擊：
育兒、寫小説、當工程師，我全都要！

作　　者／王文珮 Vanessa Wang
主　　編／林巧涵
責任企劃／謝儀方
美術設計／白馥萌
內頁排版／唯翔工作室

第五編輯部總監／梁芳春
董事長／趙政岷
出版者／時報文化出版企業股份有限公司
108019台北市和平西路三段240號7樓
發行專線／（02）2306-6842
讀者服務專線／0800-231-705、（02）2304-7103
讀者服務傳真／（02）2304-6858
郵撥／1934-4724時報文化出版公司
信箱／10899 臺北華江橋郵局第99信箱
時報悅讀網／www.readingtimes.com.tw
電子郵件信箱／books@readingtimes.com.tw
法律顧問／理律法律事務所　陳長文律師、李念祖律師
印　　刷／勁達印刷有限公司
初版一刷／2021年4月2日
定　　價／新台幣330元

版權所有，翻印必究　（缺頁或破損的書，請寄回更換）
ISBN 978-957-13-8764-2 | Printed in Taiwan | All right reserved.

時報文化出版公司成立於一九七五年，並於一九九九年股票上櫃公開發行，
於二〇〇八年脫離中時集團非屬旺中，以「尊重智慧與創意的文化事業」為信念。

文藝少女的矽谷進擊：育兒、寫小説、當工程師，我全都要！/王文珮 Vanessa Wang作.
-- 初版. -- 臺北市：時報文化出版企業股份有限公司, 2021.04
ISBN　978-957-13-8764-2(平裝) 1. 女性傳記　2. 自我實現 785.28 110003280